KREISENDER ADLER
SINGENDER STERN

KREISENDER ADLER SINGENDER STERN

INDIANISCHE SPIRITUALITÄT

Ausgewählt und übertragen von
Käthe Recheis und Georg Bydlinski

Mit Begleittexten der Herausgeber
und Fotos von Edward S. Curtis, Andreas Horvath,
Reinhard Mandl, Käthe Recheis u.a.

Herder Freiburg · Basel · Wien

INHALT

Alle Rechte vorbehalten – Printed in Germany
© Verlag Herder Freiburg im Breisgau 1998
(Erstausgabe 1996)
Satz: Layoutsatz Kendlinger
Herstellung: Freiburger Graphische Betriebe 1998
ISBN 3-451-26574-5

VORWORT

Die Spiritualität der Ureinwohner Amerikas war mit den Lebenszyklen des Alltags und dem Kreislauf der Natur immer aufs engste verbunden. In vielen Naturphänomenen sahen die Indianer Manifestationen der alles durchwirkenden Schöpferkraft. Der Adler, der hoch am Himmel seine Kreise zieht, ist nach ihrer Überzeugung von allen Lebewesen dieser heiligen Kraft am nächsten. Er hat deshalb eine Mittlerfunktion inne. Alles in der Schöpfung gehört zusammen und ist aufeinander bezogen; nichts im Universum ist ohne „Seele", ohne geistige Bedeutung. In einem Lied der Passamaquoddy singen die Sterne und bereiten den Geistern der Verstorbenen den Weg.

Das große Interesse an Weisheit und Weltsicht der Indianer hat bei uns in Europa leider auch zur Bildung neuer Klischees und Vorurteile geführt, die ihrer Anerkennung als gleichberechtigte *Menschen* im Wege stehen. Das alte Klischee des „edlen Wilden" (die bloße Umkehrung des „bösen, heidnischen Wilden" ins Positive) begegnet uns heute im modernen Gewand des „Öko-Heiligen". Hier müssen wir differenzieren; es gibt eben nicht *den* Indianer, sondern die verschiedenartigsten Menschen, wie bei allen anderen Völkern auch. Es gibt die Weisen, die traditionellen Stammesführer und Clanmütter, die sich unermüdlich und engagiert für die Bewahrung ihrer Kultur einsetzen, vorbildhafte Frauen

„Auf die ihm eigene Weise versteht der Indianer die physische Welt, die Erde als ein spirituelles Wesen. Dem Nicht-Indianer kann es nur von großem Vorteil sein, wenn ihm diese Weltsicht eröffnet wird."

N. Scott Momaday

und Männer, die die Erneuerung vorantreiben und jene Wurzeln suchen, welche durch lange Unterdrückung und rücksichtslose Umerziehung verschüttet worden sind. Es gibt aber ebenso Korruption in den Stammesverwaltungen, Gewalt auf den Reservationen, die Verlorenheit in den Großstädten, die Flucht in den Alkohol und in die Drogensucht – auch das eine Folge der Zerstörung der Selbstachtung vieler Indianer durch die weißen Eroberer.

Spirituelles Leben und religiöse Zeremonien prägten die eingeborenen Völker über Jahrhunderte; vieles davon hat – von den Behörden der Weißen verboten – nur im Untergrund überlebt und stellt heute wieder eine Perspektive der Hoffnung dar. Die Kommerzialisierung indianischer Spiritualität durch selbsternannte „Medizinmänner" führt jedoch manchmal auch zu Verfälschung und Mißbrauch; es widerspricht der indianischen Tradition, sein Wissen zu verkaufen.

Die Zahl vier ist für Indianer heilig (vier Himmelsrichtungen, vier Lebensalter etc.); in Anlehnung daran haben wir das vorliegende Buch in vier Abschnitte gegliedert. Im ersten stehen Spiritualität und Religion im Mittelpunkt, im zweiten der Umgang mit der Natur; der dritte Abschnitt berichtet vom Alltagsleben in der Vergangenheit, der vierte zeigt Probleme und Hoffnungen der Gegenwart auf.

Käthe Recheis, Georg Bydlinski

DIE MITTE DER WELT

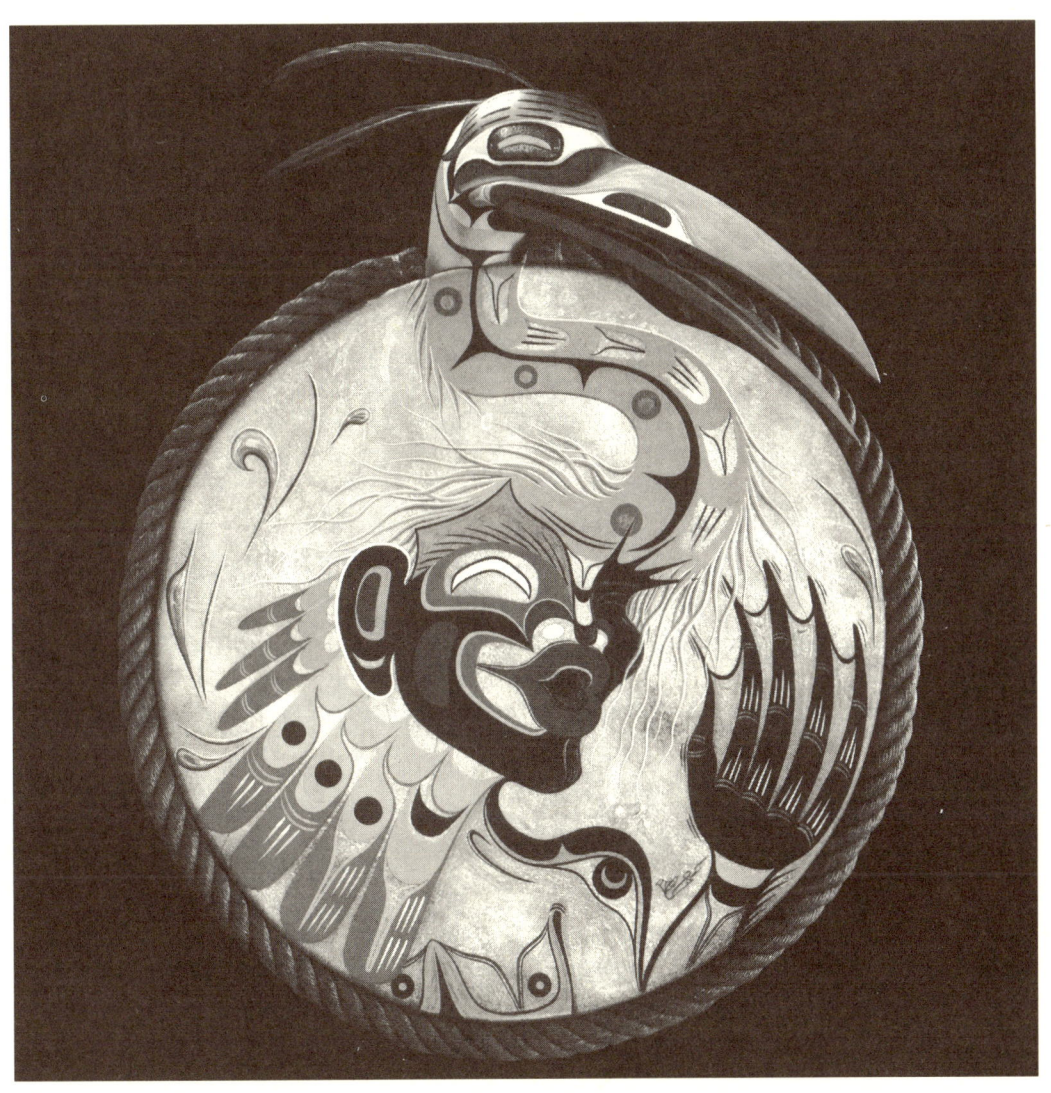

WENN DU AM MORGEN aufstehst, dann sage
Dank für das Morgenlicht, für dein Leben und die Kraft,
die du besitzt. Sage Dank für deine Nahrung und die
Freude, am Leben zu sein. Wenn du keinen Grund
siehst, Dank zu sagen, liegt der Fehler bei dir.

Tecumseh

ICH SCHICKE MEINE STIMME ZU DIR,
Großvater!
Ich schicke meine Stimme zu dir, Großvater!
Höre mich!
Gemeinsam mit allen Wesen dieser Welt
Erhebe ich meine Stimme zu Wakan-Tanka.

Sakrales Lied der Sioux

Dieses Lied stammt aus der Schwitzhütten-Zeremonie, die nach dem Sonnentanz der Sioux
(Lakota/Dakota) abgehalten wurde. Der Sonnentanz dauert vier Tage und vier Nächte. Er ist
das heiligste Ritual der Plains- und Prärie-India-
ner; lange Zeit von der amerikanischen Regierung verboten, hat er im Untergrund überlebt
und steht heute wieder im Zentrum der Spiritualität dieser Völker.
Der Ausdruck Wakan-Tanka bedeutet soviel wie
„Großes Geheimnis" und bezeichnet den Schöpfer
der Welt, der hier auch mit dem Ehrentitel
„Großvater" angerufen wird. Wakan-Tanka
wurde von den Sioux in verschiedenen Manifestationen (die Sonne als Lebensspenderin,
der Himmel, Naturphänomene) verehrt. Als
Europäer müssen wir uns davor hüten, christ-
lich-theologische Vorstellungen vorschnell auf das
indianische Religionsverständnis zu übertragen
und diesem so seinen Eigenwert zu nehmen.

WER DIE UREINWOHNER und ihr geistiges Erbe
verstehen will, muß ihren Glauben, ihre Erkenntnisse,
ihre Grundgedanken, Ideale, Werte, Einstellungen und
Lebensregeln studieren. Ich bin überzeugt, daß es keinen besseren Weg zu diesem Verständnis gibt, als wenn
man sich mit ihren Zeremonien, Ritualen, Liedern, Tän-
zen, Gebeten und Geschichten befaßt. Zeremonien,
Rituale, Lieder, Tänze und Gebete enthalten in symbo-
lischer Form die Gesamtsumme dessen, was Menschen
über Leben, Dasein, Existenz und gegenseitige Bezie-
hungen denken. Geschichten, Fabeln, Legenden und
Mythen wiederum verkörpern und vermitteln auf unterschiedliche Art die grundlegenden Verstehensweisen,
Einsichten und Haltungen gegenüber dem Leben, dem
menschlichen Wesen, Charakter und Verhalten.

Aber es genügt nicht, die Botschaften dieser Geschichten zu hören, zu lesen oder mit dem Kopf zu verstehen.
Nach der Lehre der Stammesältesten müssen die
Wahrheiten gelebt und verinnerlicht werden. Die Suche
nach Wahrheit und Weisheit sollte einem Mann oder
einer Frau Erfüllung bringen.

Basil Johnston

*Basil Johnston wurde auf dem
Barry Island Reservat (Kanada)
geboren, besuchte Reservations-
schulen in Ontario und das
Loyola College in Montreal. Er
lehrt in Toronto Sprache,
Geschichte und Mythologie seines Volkes, der Ojibway, die zum
Kulturkreis der Waldindianer
gehören. In den Büchern „Ojibway Heritage" und „Ojibway
Ceremonies" hat er die alten
Überlieferungen festgehalten, in
anderen berichtet er über das
Leben in den Reservationen,
aber auch über seine eigene
Schulzeit.*

KEIN ZEREMONIELLER GEGENSTAND ist für mein Volk wichtiger und wesentlicher als die heilige Pfeife. Es ist unzureichend, sie als Friedenspfeife zu bezeichnen. Sie bedeutet viel mehr.

Wir Medizinmänner glauben, daß die zeremonielle Pfeife große Macht hat, wenn man sie auf richtige Weise verwendet. Es gibt feste Regeln, die wir sorgfältig beachten, wenn wir sie anzünden, weiterreichen, die Asche wegschaffen, und vor allem während der Pfeifenzeremonie selbst, bei der die Pfeife in die sechs heiligen Richtungen gehalten wird. Dabei werden die Mächte freigesetzt, die in den Himmelsrichtungen wohnen, wo sie seit Anbeginn der Zeit darauf warten, das Wohl der gesamten Schöpfung zu fördern.

Frank Fools Crow

MIT DER PFEIFE BETEN

nun da ich die pfeife angezündet habe
halte ich sie gen osten
ich gehe in gedanken diese richtung
ich lausche deinen stimmen
ich sammle mich
      in diesem augenblick da ich hier bin
nun da ich eingeatmet habe
sehe ich die berge im osten
ich reise zum ort meines ursprungs
ich erkenne deine stimmen
ich denke an deine beziehung zu mir
      jetzt am morgen da wir beisammen sind
nun da ich ausgeatmet habe
sollst du meinen atem aufnehmen
ich bewege mich um deinetwillen
ich höre die stimmen deiner kinder
ich bin nicht mehr ich sondern du
      dein geist hat den meinen ergriffen
nun da ich wieder atem hole
bin ich zurückgekehrt von meinem ursprungsort
ich bin schnell und sicher gereist
ich habe vernommen
was du mich hören lassen wolltest
ich bin wieder ganz geworden
und stark durch deine gegenwart

      an diesem morgen lebe ich mit deinem atem.

Simon J. Ortiz

DA DIE TROMMEL oft das einzige Musikinstrument ist, das wir in unseren Zeremonien verwenden, sollte ich wohl erklären, warum sie so besonders heilig und bedeutsam für uns ist: Die runde Form der Trommel symbolisiert das ganze Universum; ihr stetiger, kräftiger Schlag ist der Puls, das Herz, das in der Mitte des Universums schlägt. Dieser Klang gleicht der Stimme Wakan-Tankas, er bewegt und erregt uns und hilft uns, die geheimnisvolle Macht zu verstehen, die in allen Dingen verborgen ist.

Hehaka Sapa

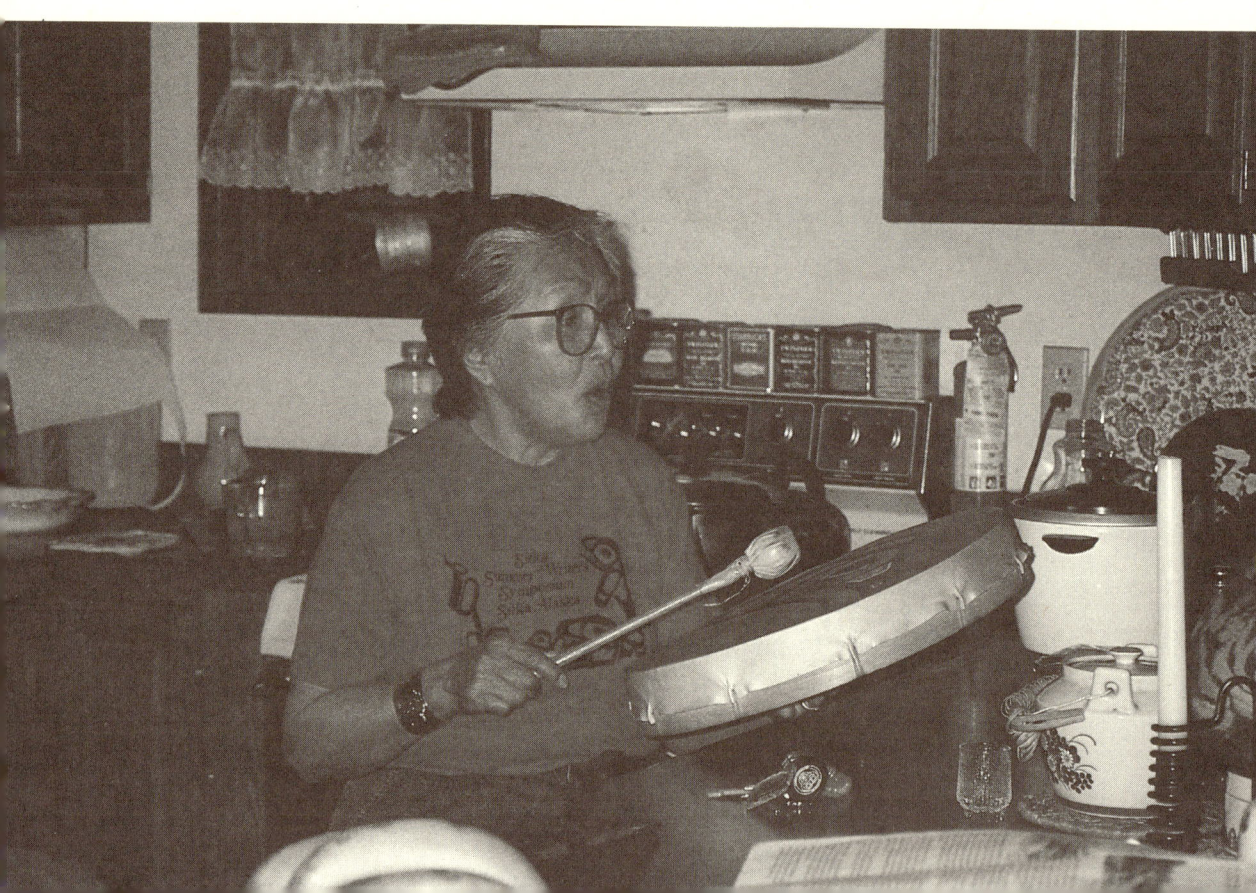

DIE TROMMEL ist etwas sehr Persönliches im Leben eines Irokesen. Für uns ist sie wie ein Buch, ein wichtiger Teil des Alltagslebens. Die Trommel gibt unseren Erinnerungen ein Zeitmaß vor. Sie ist ein Mittel, unseren Gefühlen Ausdruck zu verleihen. Wenn wir traurig sind, benützen wir die Trommel als Ventil und finden Trost. Sind wir zornig, schenkt sie uns Erleichterung; wenn wir Angst haben, macht sie uns Mut.

Die Trommel läßt unsere Vergangenheit lebendig werden. Meine Trommel ist alt und voll Erinnerungen, Erinnerungen an Dinge, die ich vor langer Zeit gelernt habe, an meine Vorfahren und die Ideen und Leistungen meines Volkes – auch an meine eigenen. Erinnerungen an Süßgrasduft, die Nähe zur Natur, das alte und schöne Leben in den Wäldern. Meine Trommel ist voll von Stimmen… Paddler in ihren Kanus… einsame Wanderer in der weglosen Wildnis… weit entfernte Stimmen von Sängern, Tänzern – ihr Federschmuck schwingt im Rhythmus mit. Meine Trommel spricht von der alten Zeit, sie ist ein Tagebuch meines Volkes. Sie erzählt von mutigen und würdevollen Häuptlingen, die um Ratsfeuer saßen; von kraftvollen Körpern, die Stärke, Ausdauer und Vitalität symbolisieren; von stolzen Seelen voller Träume, Träume von der Kindheit und von der Zukunft. In meiner Trommel sind Vergangenheit, Gegenwart und Zukunft miteinander verwoben.

Adelphena Logan

Die Onondaga-Irokesin Adelphena Logan (1912–1978) war eine direkte Nachfahrin des berühmten Irokesenhäuptlings Logan. Sie studierte an verschiedenen Universitäten und war mehr als dreißig Jahre lang als Verantwortliche im Bereich Kunst und Kunsthandwerk tätig. Eine starke und eloquente Frau, verkörperte sie die alte Tradition des Matriarchats, das bei den Völkern des Irokesenbundes (Seneca, Cayuga, Onondaga, Oneida, Mohawk und Tuscarora) schon immer eine große Rolle spielte.

Süßgras wird von vielen indianischen Völkern bei Zeremonien verwendet, da der Rauch – ähnlich wie Weihrauch – einen herbsüßen Duft verströmt.

Zeremonien bedeuten für den Indianer eine Vergegenwärtigung der geistig-religiösen Sphäre, die alles umgibt und durchwirkt. Die Schwitzhütten-Zeremonie ist heute bei vielen indianischen Völkern verbreitet und wird zu verschiedensten Anlässen abgehalten, z. B. als Vorbereitung auf eine Visionssuche. Eine Schwitzhütte ist schnell errichtet: Biegsame junge Bäume bilden ein kuppelförmiges Gerüst, über das Decken gebreitet werden; früher wurden Tierhäute oder Büffelroben als Dach verwendet. Im Zentrum wird eine Grube für die in einem Feuer außerhalb der Hütte erhitzten Steine ausgehoben. „Der Sinn, auf diese besondere Art zu schwitzen", schreibt der Creek-Indianer Louis Littlecoon Oliver, „bestand nicht nur darin, den Körper zu entgiften und die Haut zu reinigen, sondern bedeutete vor allem eine erneute Hingabe unseres Lebens an den Großen Geist."

Thomas Yellowtail, ein einflußreicher Medizinmann und spiritueller Führer vom Volk der Crow, wurde 1903 in Montana geboren.

WENN WIR IN DER SCHWITZHÜTTE SIND und der Eingang geschlossen wird, gibt es in der Hütte keinerlei Licht außer dem roten Glühen der heißen Steine. Der Duft des heiligen Rauches erfüllt die Luft. Wir haben eine andere Welt betreten, die unsere körperliche Welt übersteigt. Wenn Wasser auf die Steine gegossen wird, reinigt uns die Hitze nicht nur äußerlich; sie reicht tief in unsere Herzen hinein. Wir wissen, daß wir die quälende Hitze ertragen müssen, wenn wir geläutert werden wollen. Und so können wir am Ende der Zeremonie die Schwitzhütte als neue Menschen verlassen, die das Licht der Weisheit unseres spirituellen Erbes geschaut haben. Wir sind wieder fähig, unsere Alltagsarbeit aufzunehmen – im erneuerten Bewußtsein unseres Platzes auf der Erde und der Verpflichtung, gemäß unserer heiligen Überlieferung auf ihr zu leben.

Yellowtail

WOHIN WIR AUCH UNTERWEGS SIND, stets gehen wir mit einem Fuß in der jenseitigen Welt des Geistes. Mit dem anderen Fuß jedoch wandern wir auf der Erde dieser Welt. Nur so halten wir uns im Gleichgewicht. Um dein Ziel zu erreichen, mußt du dieses Gleichgewicht bewahren. Wenn du dahinwanderst, hast du oft Träume. Das ist gut so, aber achte darauf, dich nicht in ihnen zu verlieren. Vergiß nicht: Halte deine Augen offen in beiden Welten.

Joseph Bruchac

KEIN MENSCH beginnt, er selbst zu sein, bevor er nicht seine Vision gehabt hat.

Ausspruch der Ojibway

EIN MENSCH AUF DER VISIONSSUCHE geht in die Berge hinauf, nur er allein. Dort, fern von den anderen Menschen, fastet und betet er drei oder vier Tage lang, je nachdem, wofür er sich vor dem Beginn seiner Visionssuche entschieden hat.

Es gibt viele Gründe, warum sich jemand entschließt, auf Visionssuche zu gehen. Es kann der Wunsch nach einer „Medizin" sein, einer Kraft, die ihm im Kampf oder überhaupt im Leben beisteht. Andere wiederum suchen Heilkraft und Wissen. Sie wollen Menschen behandeln und heilen können. Manche suchen die Antwort auf eine Frage, die Lösung eines Problems, unter dem sie, ihre Familie oder der ganze Stamm leiden. Vor allem aber wählt man diese Art zu beten, weil man dadurch Acbadadea näherkommt.

Yellowtail

DEN GANZEN TAG LANG betet der Visionssucher ohne Unterlaß, entweder laut oder still für sich, denn der Große Geist ist überall; er hört, was in unserem Herzen ist, wir müssen nicht mit lauter Stimme zu ihm sprechen. Der Visionssucher kann schweigend seine ganze Aufmerksamkeit auf den Großen Geist oder eine Seiner Mächte richten. Nichts darf seine Gedanken ablenken, und doch muß er wachsam bleiben und jeden Boten erkennen, den ihm der Große Geist vielleicht schickt. Diese Boten kommen oft in Tierform, manchmal sind sie winzig und unscheinbar wie eine Ameise. Vielleicht nähert sich ihm ein Gefleckter Adler von Westen oder ein Schwarzer Adler von Norden, oder es kommt sogar der Rotköpfige Specht aus dem Süden. Auch wenn keiner von ihnen gleich zu ihm spricht, haben sie ihre Bedeutung und sollten beachtet werden. Vielleicht kommt auch einer der kleinen Vögel oder ein Eichhörnchen. Anfangs können die Tiere oder die Geflügelten scheu sein, aber bald werden sie zahm. Die Vögel lassen sich auf den Pfosten nieder, und kleine Ameisen oder Würmer krabbeln und kriechen über die Pfeife. All diese Wesen sind wichtig, denn auf ihre Art sind sie weise und können uns Zweibeiner vieles lehren. Die wichtigsten aller Geschöpfe sind die Geflügelten der Luft; sie sind dem Himmel am nächsten und nicht an die Erde gebunden wie die Vierbeiner und die kleinen Kriechtiere.

Vielleicht sollte ich darauf hinweisen, daß wir Menschen nicht ohne Grund Zweibeiner sind wie die Geflügelten. Vögel verlassen mit Hilfe ihrer Flügel die Erde – auch wir Menschen können diese Welt verlassen, zwar nicht mit Flügeln, aber mit dem Geist.

Hehaka Sapa

Für Hehaka Sapa besteht das Ziel einer Visionssuche darin, das Einssein, die Verwandtschaft mit der ganzen Welt zu erkennen und Wakan-Tanka als Schöpfer zu erfahren. Die Federn des Gefleckten Adlers (Wanbli Galeshka) werden mit Sonnenstrahlen verglichen; in gewisser Hinsicht gilt dieser Adler als Manifestation Wakan-Tankas. Die von Black Elk erwähnten Pfosten zeigen die vier Himmelsrichtungen an und begrenzen den Bereich, innerhalb dessen der Visionssucher betet.

MEDIZINMÄNNER sind Heiler und spirituelle Ratgeber. Sie helfen, die Harmonie von innen heraus wiederherzustellen. Sie lehrten mich, das Leben aus einem positiven, liebevollen Blickwinkel zu betrachten.

Die Medizinmänner und die Stammesältesten sprachen zu mir über mein Volk. Sie zeigten mir die heiligen Wampumgürtel, die uns Cherokee die großen Wahrheiten lehren und uns sagen, wie wir leben sollen: daß wir eine gute Gesinnung haben und alles – auch die Natur – als Brüder und Schwestern betrachten sollen. Wir dürfen nicht überheblich sein, denn alles auf dieser Welt ist eine einzige große Familie. Ich lernte auch, mich von negativen Erfahrungen nicht mutlos machen zu lassen.

Wilma Mankiller

EIN MEDIZINMANN hatte großen Einfluß auf seinen Stamm. Er heilte unsere Kranken, rief die Büffelherden herbei, gab Ratschläge, wenn eine Schar junger Männer auf den Kriegspfad zog, und betete in Zeiten der Dürre um Regen.

Edward Goodbird

Nach ihrer Wahl im Jahr 1985 war Wilma Mankiller in der jüngeren Vergangenheit die erste Frau, die bei einem der großen indianischen Völker – den Cherokee – die Häuptlingswürde innehatte. Ihr Familienname leitet sich von ihren Vorfahren her. Der Begriff „Medizinmann" stammt nicht von den amerikanischen Ureinwohnern selbst, sondern wurde von den weißen Einwanderern geprägt. Obwohl er nicht authentisch ist, hat er sich vielfach durchgesetzt und wird heute oft auch von Indianern verwendet, wenn sie von ihren Priestern, heiligen Männern, Heilern oder religiösen Ratgebern sprechen.

Wampum: Verschiedenfarbige kleine Süßwassermuscheln, sogenannte Muschelperlen, wurden auf Ledergürtel genäht oder an Schnüren aufgereiht. Sie dienten als Schmuck, wurden aber ebenso für Aufzeichnungen, Verträge, Botschaften und Geschichtsschreibung verwendet.

Edward Goodbird (ca. 1869–1938) gehörte zum Volk der Hidatsa oder Gros Ventres, das am oberen Missouri lebte.

ICH KOMME ZUR WEISSBEMALTEN FRAU,

um langes Leben zu erbitten, komme ich zu ihr.
Um ihren Segen zu erhalten, komme ich zu ihr,
damit ich glücklich werde, komme ich zu ihr,
um teilzuhaben an ihren vielfältigen Früchten,
komme ich zu ihr.
Damit sie mir ein langes Leben schenke,
komme ich zu ihr.

DIE WEISSBEMALTE FRAU
TRÄGT DIESES MÄDCHEN;

sie trägt es durch ein langes Leben,
trägt es zu einem guten Geschick,
trägt es bis ins hohe Alter,
legt es dann nieder zu friedlichem Schlaf.

Aus der Mädchenweihe der Chiricahua-Apachen

Die Mädchenweihe der Chiri-
cahua-Apachen wird nach der
ersten Menstruation abgehalten.
Die feierliche Zeremonie, in der
um Glück und ein langes Leben
gebeten wird, dauert vier Tage
und Nächte. Während dieser Zeit
wird das Mädchen selbst zur
Weißbemalten Frau und trägt
auch ihr Gewand, mit Ocker
gelb gefärbt und mit Symbolen
bemalt. Die Weißbemalte Frau
ist eine mythische Segensbringe-
rin, die große Mutter des
Anfangs. Durch die Identifika-
tion mit ihr schreibt man dem
Mädchen während der Zeremo-
nie Heilkraft zu. Für das
Mädchen wird eine eigene Hütte
gebaut. Eine alte Frau und ein
alter Mann sind bei ihr und leh-
ren sie alles, was sie wissen muß,
um ein guter Mensch zu werden.
Diese Lehren werden durch tra-
ditionelle Lieder vermittelt – ein
großer Liederzyklus, der münd-
lich von Generation zu Genera-
tion überliefert wurde. Der
Initiationsritus der Mädchen-
weihe – die älteste und wichtig-
ste Zeremonie der Apachen – ist
bis heute lebendig geblieben.
Nach dem Ende des Ritus gilt
das Mädchen als Frau.

GEBET AN DEN EULENGOTT

Die Navajo oder Diné („Menschen"), wie sie sich selber nennen, gehören zur Athapasken-Sprachfamilie. Ursprünglich als Nomaden im Norden Amerikas beheimatet, zogen sie später nach Südwesten und leben heute in der größten Reservation der Vereinigten Staaten, die Teile von Arizona, New Mexico und Utah umfaßt; von den Pueblo-Indianern lernten sie das Weben von Teppichen, von den Spaniern die Kunst des Silberschmiedens. Die Navajo strebten stets danach, im Einklang mit der Schöpfung und den übernatürlichen Mächten zu leben. Krankheit ist für sie ein Zeichen, daß diese Harmonie gestört ist. Geistige und körperliche Phänomene gelten als untrennbar. Die Navajo sind überzeugt, daß Gedanken und Worte den physischen Bereich sehr stark beeinflussen können. Schließlich haben ja nach ihrer Überzeugung auch die Götter die Welt durch Denken und Singen ins Dasein gerufen.
Der umfangreiche, weit ausholende „Nachtgesang" fasziniert durch Symbolismus und kunstvolle Komposition. Sein Ziel ist die Wiederherstellung von Gesundheit, Harmonie und Schönheit. Das Navajo-Wort „Hózhó" wird meistens mit

Eule!
Ich habe dir ein Opfer bereitet.
Ich lasse Rauch für dich aufsteigen.
Gib meinen Füßen neue Kraft.
Gib meinen Beinen neue Kraft.
Gib meinem Körper neue Kraft.
Gib meinem Geist neue Kraft.
Gib meiner Stimme neue Kraft.
An diesem Tag nimm deinen Bann von mir.
Du hast ihn fortgenommen,
weit fort von mir.
Heute werde ich gesund.
Heute wird mein Geist wieder klar.
Mit klarem Geist werde ich fortgehen.
Mit klarem Geist möge ich wandern.
Nicht länger leidend möge ich wandern.
Ohne Schmerz möge ich wandern.
Befreit und leicht möge ich wandern.
Voll lebendiger Gefühle möge ich wandern.
Glücklich möge ich wandern.
Glücklich sehne ich schwarze Wolken in Fülle herbei.
Glücklich sehne ich reichlichen Regen herbei.
Glücklich sehne ich Pflanzen in Fülle herbei.
Glücklich sehne ich Pollen im Überfluß herbei.
Glücklich ersehne ich Tau in Fülle.
In Schönheit möge ich wandern.
Schönheit sei vor mir.
Schönheit sei hinter mir.

Schönheit sei unter mir.
Schönheit sei über mir.
Schönheit umgebe mich auf meinem Weg.
In Schönheit ist es vollendet.
In Schönheit ist es vollendet.

Aus dem Nachtgesang der Navajo

„Schönheit" wiedergegeben, bedeutet aber viel mehr: Segen, Vollkommenheit, Wohlbefinden, Glück, alles, was gut ist, auch das Eingebettetsein in eine intakte Umgebung. Im trockenen Gebiet der Halbwüste des Südwestens ist der Regen ein großer Wert, der von allen ersehnt wird. Pollen (meist vom Mais) finden bei den Navajo vielfältige zeremonielle Verwendung; sie stehen für Frieden, Fruchtbarkeit und lebenspendende Kraft. Die Wendung „In Schönheit ist es vollendet" entspricht als Schlußformel eines Gebets dem christlichen „Amen".

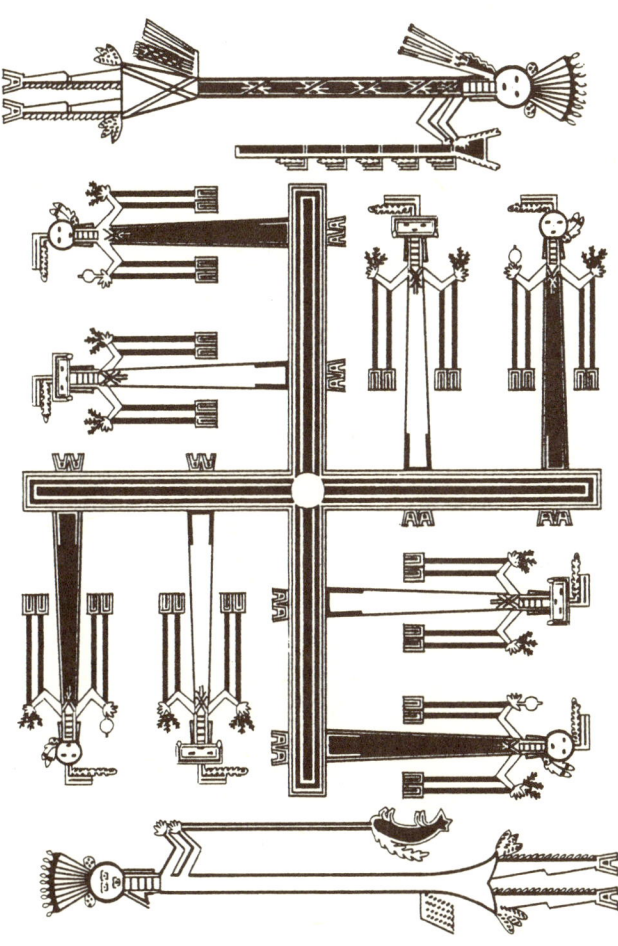

Buffalo Jim, ein Medizinmann der Seminolen, teilte 1990, im hohen Alter, einige seiner Gedanken und Überzeugungen mit interessierten weißen Gesprächspartnern. Die Seminolen werden mit den Cherokee, Creek, Choctaw und Chickasaw zu den sogenannten „Five Civilized Tribes" gezählt. Sie lebten im heutigen Florida und wurden nach 1835 wie viele andere indianische Völker zwangsdeportiert; nur ein paar Hundert blieben, versteckt in den Sümpfen der Everglades, in ihrer Heimat zurück. Heute leben Seminolen in Oklahoma und Florida.

VÖGEL SIND FÜR UNS INDIANER schon immer bedeutsam gewesen – sie sind frei, sie fliegen, wohin sie wollen, und lassen sich nieder, wo es ihnen gefällt. In unseren Zeremonien verwenden wir Vogelfedern, weil sie uns an den Schöpfer erinnern. Von allen Vögeln steigt der Adler am höchsten in den Himmel auf, deshalb ist er dem Schöpfer am nächsten; seine Federn sind besonders heilig. Er ist der mächtigste der Vögel und gehört allen Stämmen, allen Völkern gemeinsam.

Buffalo Jim

INDIANISCHE LEGENDEN erzählen uns, daß der Adler allmächtig war und über alles wachte. Seine Fähigkeit und Anteilnahme machten ihn zum Mittler, der dem Schöpfer die Gebete der Menschen überbrachte. Der Adler symbolisiert die Ehrfurcht vor dem Unbekannten.

Adelphena Logan

DU HAST DEN VÖLKERN DIESER WELT unterschiedliche Wege gezeigt, die sie gehen sollen. Wie wir wissen, ist die Erde rund wie ein Wagenrad. Alle Speichen eines Wagenrades laufen in der Mitte zusammen, kommen vom Mittelpunkt her – dieser Mittelpunkt bist du, Acbadadea, Schöpfer aller Dinge. Jede Speiche kann man als eine der vielen Religionen sehen, die Du den Völkern auf dieser Welt geschenkt hast. Wir Menschen sind am Rand des Rades und müssen einer der Speichen folgen, um zur Mitte zu gelangen. Uns wurden verschiedene Wege gegeben, aber sie alle führen an den selben Ort. Wir beten alle zu ein und demselben Gott – zu Dir.

Yellowtail

Der Shawnee-Häuptling Tecumseh, geboren um 1770, war ein bedeutender indianischer Staatsmann mit einer großen Rednerbegabung. Sein Ziel war es, das Vorrücken der Weißen durch eine Allianz der indianischen Völker zu stoppen; er wußte, daß nur ein gemeinsamer Abwehrkampf zum Erfolg führen könnte, da jedes Volk für sich allein zu schwach war. 1813 fiel er auf seiten der Briten im Kampf gegen amerikanische Truppen.

BELÄSTIGE NIEMANDEN seiner Religion wegen – achte die Ansichten anderer und verlange von ihnen, daß sie auch die deinen achten.

Tecumseh

▼▼▼▼▼▼▼▼

Simon J. Ortiz, geboren 1941 in Albuquerque, ist ein Acoma-Pueblo-Indianer. Er studierte an der Universität von Iowa, veröffentlichte Gedichtbände, Kurzgeschichten und Essays und gilt – auch in Kreisen der „Native Americans" – als einer der bekanntesten indianischen Gegenwartsautoren. 1992 erschien unter dem Titel „Woven Stone" eine umfangreiche Zusammenfassung seiner Lyrik und Prosa.

Die Pueblo-Indianer leben in Siedlungen aus mehrstöckigen, terrassenförmig angelegten Lehmziegelhäusern in New Mexico und Arizona. Das Wort „Pueblo" kommt aus dem Spanischen und bedeutet Dorf oder kleine Stadt.

EIN FALKE KREIST
auf den Wegen des Windes –
er allein kennt sie,
er allein weiß,
wie sie ihn zum Mittelpunkt führen.

Simon J. Ortiz

26

DIE ERDE UND ICH
SIND GLEICHGESINNTE

Norman H. Russell, Jahrgang 1921, ist Biologe und hat an verschiedenen Colleges und Universitäten gelehrt. Er ist skeptisch gegenüber der modernen Tendenz, seine Wissenschaft nur noch „als Chemie und Physik" anzusehen, und betont immer wieder den größeren Zusammenhang: „Für mich ist mein Fach mit L e b e n verbunden." Dementsprechend sucht Russell nicht nur Wissen, sondern auch den engen Kontakt mit der Wildnis und ihren Geschöpfen. Um Tiere und Pflanzen hautnah kennenzulernen, durchreiste er die Wälder und Prärien Amerikas. Russell stammt von Weißen und Cherokee ab; er lebt in Oklahoma, wohin die Cherokee aus ihrem ursprünglichen Stammesgebiet vertrieben worden waren.

FÜR MICH IST DAS UNIVERSUM ehrfurchtgebietend. Ich kann es nicht erklären, wie ich auch Gott nicht erklären kann. Ich spüre, daß da mehr ist, als die Wissenschaft mir sagt. Intuitiv erfasse ich Dinge, die ich nicht beweisen und belegen kann und die doch sehr wichtig sind. Es ist wie eine Wahrnehmung, die über die Sinne hinausgeht. Die Wissenschaft spricht von den fünf Sinnen. In Wirklichkeit besitzen wir Menschen aber so viele Sinne, wie wir nur haben wollen. Wir haben noch andere Sinne, und viele Tiere, wie etwa Brieftauben, haben Sinnesorgane, die wir kaum begreifen können. Vielleicht sprechen sie auf das Magnetfeld der Erde an. Aber schon dieser Erklärungsversuch weist in die falsche Richtung, denn er zwängt uns wieder in den engen Rahmen der Wissenschaft.

Anstatt uns weiterzuentwickeln, kommt mir vor, entwickeln wir modernen, zivilisierten Menschen uns zurück. Wir geben uns fortschrittlich und meinen, die armen Indianer bleiben immer weiter zurück. Aber ich glaube, sie bleiben uns *voran*. Denn wir verlieren mehr und mehr unsere natürlichen Fähigkeiten.

Norman H. Russell

WIR SOLLTEN UNS BEWUSSTMACHEN, daß das, was wir heute ökologisches Denken nennen, für die eingeborenen Völker des amerikanischen Kontinents schlicht und einfach eine praktische Notwendigkeit war. Bei den Abenaki, den Menschen der Morgendämmerung, ist es auch heute noch allgemein üblich, Naturschutz zu üben und zum Beispiel nie das größte Jagdtier zu erlegen oder den größten Fisch zu fangen. Niemals wird ein Muttertier, das Junge hat, getötet, und nie beutet man die Pflanzen oder Tiere in einem Gebiet so sehr aus, daß das Überleben dieser Arten gefährdet wäre. Oft hörte ich Ureinwohner sagen, daß wir nicht nur an uns, sondern auch an die sieben nächsten Generationen denken müssen. Dieses soziale und ökologische Gleichgewicht, wie wir es bei den Menschen der Morgendämmerung sehen, ist das Ergebnis uralter Erfahrung und nicht „göttliche Eingebung".

Joseph Bruchac

DIE ERDE und ich sind Gleichgesinnte.

Chief Joseph

Joseph Bruchacs Vorfahren sind Abenaki und slowakische Auswanderer. Bruchac wurde 1942 im Staat New York geboren. Die Vielfalt seiner literarischen und verlegerischen Tätigkeit ist beeindruckend: Er schreibt Romane, Lyrikbände und Kinderbücher, sammelt und ediert „folk-tales" und Mythen, druckt und vertreibt in seinem eigenen Kleinverlag, der „Greenfield Review Press", wichtige Publikationen indianischer Autorinnen und Autoren. Die Abenaki („Menschen der Morgendämmerung") lebten ursprünglich im Gebiet der heutigen US-Bundesstaaten Maine, New Hampshire und Vermont.

Chief Joseph (1840–1904; siehe auch die Abbildung auf Seite 23 dieses Buches) war ein Häuptling der Nez Percé. Als die Weißen Anspruch auf das Gebiet seines Volkes erhoben, betonte er 1877 in einer Rede die untrennbare Verbundenheit des Landes und seiner indianischen Bewohner. Nur der Schöpfer habe ein Recht, über das Land zu verfügen, sagte er zu General Howard. Dennoch wurde er gezwungen, mit seinen Leuten das heimatliche Wallowa-Tal zu verlassen.

▼▼▼▼▼▼▼▼▼

Beshád-e wurde um 1870 geboren. Ihre Kindheit und Jugend war geprägt von Krieg, Flucht und Entbehrung; 26 Jahre verbrachte sie mit ihrem Stamm, den Chiricahua-Apachen, in Internierungslagern in Florida und Oklahoma. Sie starb 1941.

AUCH WENN DU nur zu einem kleinen Bach kommst und dich darin waschen willst, mußt du andächtig zum Wasser sprechen. Du darfst nicht bloß deine Hand eintauchen und dir gedankenlos mit dem kalten Wasser das Gesicht waschen. Zeig Ehrfurcht. Geh langsam hin zum Bach. Schöpf eine Handvoll Wasser und gieße es viermal über dein Gesicht, dann neig den Kopf und bete. Alles Wasser im gesamten alten Gebiet der Chiricahua ist für uns heilig.

Beshád-e

Der 1930 geborene Oren Lyons ist einer der traditionellen Führer des Schildkröten-Clans der Onondaga (Irokesen) und Mitglied des „Onondaga Council of Chiefs".

DAS WASSER rein zu erhalten ist eines der ersten Gesetze der Natur. Wer die Lebenskraft des Wassers zerstört, zerstört das Leben selbst.

Oren Lyons

Die Teton sind einer der sieben Stämme („Sieben Ratsfeuer") der Sioux, die sich selbst Lakota oder Dakota („Freunde, Verbündete") nennen und zu den Plains-Indianern gehören.

DER FROSCH trinkt den Teich nicht aus, in dem er lebt.

Sprichwort der Teton-Sioux

STIMME VON OBEN,
Donnerstimme,
sprich aus dem
Dunkel der Wolken;
Stimme von unten,
Grashüpferstimme,
sprich aus dem
Grün der Pflanzen;
so möge die Erde
schön sein.

Zeremonielles Lied der Navajo

„WIE SCHÖN! SCHAU, DIE WOLKE,
die Wolke ist da!
Wie schön! Schau, der Regen,
der Regen kommt näher!"
        Wer hat das gesagt?
Es war die kleine Maisblüte
hoch oben auf dem Stengel,
sie sang und sah mich an.
        Ich hörte, wie sie sprach:
„Vielleicht kommt die Regenflut
        hierher zu uns –
oh, möge sie doch zu uns kommen!"

*Dieses Lied sangen die jungen
Männer der Zuni, während die
Mädchen mit Mahlsteinen den
Mais mahlten. Wie die anderen
Pueblo-Indianer bauten auch die
Zuni Mais, Kürbisse und Bohnen
an. Ihre Ahnen wurden als
Helfer aus dem Jenseits verehrt,
als Segens- und Regenbringer,
die zum Wachstum der Ernte
beitrugen.*

Lied der Zuni

GELBE SCHMETTERLINGE
über dem blühenden jungen Mais
   jagen einander in leuchtender Schar
mit pollenbestäubten Gesichtern.

   Blaue Schmetterlinge
über den blühenden jungen Bohnen
   jagen einander in leuchtendem Flug
mit pollenbestäubten Gesichtern.

   Über dem blühenden Mais,
   dem unbefruchteten Mais
summen wilde Bienen!

   Über den blühenden Bohnen,
   den unbefruchteten Bohnen
summen wilde Bienen!

Über deinem sprießenden Maisfeld
   möge den ganzen Tag die Gewitterwolke stehen;
auf dein sprießendes Maisfeld
   möge den ganzen Tag der Regen niederströmen.

Lied der Hopi

Das Lied wurde vom Hopi Koianimptiwa für einen rituellen Tanz komponiert, der mit dem Pflanzen des Maises verbunden ist. So wie die Menschen ihre Gesichter für den zeremoniellen Tanz bemalen, haben dies im Lied auch die Schmetterlinge getan – mit Pollen. Die Hopi gehören zum Kulturkreis der Pueblo-Indianer. Der Regen ist im heißen, trockenen Gebiet der Pueblos von vitaler Bedeutung. Ende Juli beginnt eine sechswöchige Regenzeit mit wolkenbruchartigen Güssen.

Dan George (1899–1981) war Häuptling der Küsten-Salish in British Columbia, Kanada.

GEBET FÜR MEINEN BRUDER, DEN BÄREN

O Großer Geist, der uns alle hört,
ich spreche für meinen Bruder, den Bären:

Laß den Mond sanft scheinen in den Nächten seiner Kindheit, so daß er sich stets an die Wärme seiner Mutter erinnert.

Laß die Beeren im Überfluß wachsen und schenke ihnen Süße, so daß die Energie des Lebens ihn stärkt und die Jahre des Alters ihm nicht zur Last werden.

Laß die wildwachsenden Blumen sein Gemüt erfrischen, so daß er sorgenlos umherstreifen kann.

Schenke seinen Beinen Schnelligkeit und Kraft, so daß sie ihn immer in die Freiheit tragen.

Schärfe seine Ohren und seinen Geruchssinn, so daß sie ihn vor jedem Schaden bewahren.

Laß nur jene Menschen den Pfad mit ihm teilen, die seine Schönheit erkennen und seine Stärke achten, so daß er stets in der Wildnis sein Zuhause findet.

Mach, daß die Menschen das Leben ehren, auch das ihrer Mitgeschöpfe, und niemand sich schämen muß, weil er gefehlt hat.

Dann wird mein wilder Bruder, der Bär, für immer seine Wildnis haben, solange die Sonne über den Himmel wandert.

O Großer Geist, dies bitte ich dich
für meinen Bruder, den Bären.

Dan George

Yellowtails Autobiographie wurde von Michael Oren Fitzgerald niedergeschrieben, einem Rechtsanwalt, der im Staat Indiana lebt. Er hat immer wieder längere Zeit bei Thomas Yellowtail und dessen Frau Susie in ihrem Heim in Montana verbracht. 1972 wurde er von Yellowtails Familie und dem Volk der Crow adoptiert. Für ihren Einsatz zur Wahrung indianischer Traditionen wurden Thomas und Susie Yellowtail im Rahmen der All-American Indian Days 1970 mit dem Titel „Outstanding American Indian of the Year" geehrt.

VON ALTERS HER WAR DIE JAGD eine der Hauptaufgaben im Leben eines Indianers. Die innere Haltung, mit der ein Mann jagte, war ebenso wichtig wie die Waffen, die er verwendete. Jede größere Jagd begann mit der Reinigungszeremonie in der Schwitzhütte und einem Gebet. Wann immer ein Mann auf die Jagd auszog, betete er vorher und rauchte die Pfeife. Auch heute sollte es so sein. Es gibt einen Grund für die Jagd; jemand, der nur aus Freude am Töten jagt, sollte dies nicht tun. Die Tiere wurden uns zu einem bestimmten Zweck gegeben, und durch unser Wissen über sie und die ganze Natur kommen wir dem Schöpfer näher.

Nicht das große Geschick des Jägers bringt den Erfolg, sondern das Bewußtsein, welchen Platz er in der Schöpfung einnimmt und daß er mit allem auf der Erde verwandt ist.

Yellowtail

AUF DER JAGD
leuchte ich
wie ein kleiner Stern
die Tiere
stehen reglos
gebannt von meinem Licht

Ojibway

▼▼▼▼▼▼▼▼▼▼▼

*Waldindianer hatten eine sehr
erfolgreiche Art zu jagen: Im
Dunkel der Nacht paddelten sie
mit ihren Kanus lautlos in die
Nähe jener Uferstellen, wo sie
wußten, daß Tiere zur Tränke
kamen. Sobald ein Jagdtier
gesichtet wurde, entzündete man
eine Fackel. Der Hirsch oder
Elch starrte wie gebannt auf die
Lichtquelle und konnte mühelos
erlegt werden. Andere Jäger ver-
wendeten Laternen aus Birkenrinde. Der Ojibway Gerald
Vizenor hat dieses überlieferte
Gedicht bearbeitet und in seine
interessante Sammlung von lyri-
schen Texten und Erzählungen
seines Volkes („Summer in the
Spring", 1981) aufgenommen.*

37

FISCHZAUBER

Irgendwo draußen, unter dem Regen
träumt ein Fisch von mir.
Er kennt noch nicht meinen Namen, nur
die ersten leisen Geräusche,
die mich am Morgen weckten.

Er möchte an Land umhergehen,
dieser Fisch.
Er möchte meine Lieder kennen,
dieser Fisch.
Er möchte durch meine Augen sehen,
dieser Fisch.
Er möchte die Süße schmecken
von Luft und Zedernrauch,
dieser Fisch.

Ich horche.
Ich horche.

Mein Kanu fährt vorbei
an der Landspitze.
Ich singe kein Lied, sage nur meinen Namen.
Ich werfe die Angelschnur aus.

Ich bin gekommen, sage ich.
Der Fisch horcht.
Flossen bewegen sich durch die Wellen.
Tu, was du vorhast, ich bin bereit.
Verbinde mein Leben mit deinem.

Joseph Bruchac

38

WIR DANKEN DEM SCHÖPFER
für diese Früchte des Meeres.
Wir bitten ihn, unsere Nahrung zu segnen,
ebenso alle Generationen, die nach uns kommen,
bis hin zur Siebenten Generation.
Möge die Welt, die wir ihnen hinterlassen,
eine bessere Welt sein als die,
die wir vorgefunden haben.
Amen.

Harriett Starleaf Gumbs

*Starleaf ist der indianische
Name von Harriett Gumbs, einer
Stammessprecherin, Historikerin
und Lehrerin der Shinnecock.
Die Shinnecock waren eines der
vielen kleinen Völker, die im
Süden der Neu-England-Staaten
lebten, Jagd und Bodenbau
betrieben und sich auch von
Meerestieren nährten. An der
Ostküste Amerikas kamen sie
schon sehr früh mit den weißen
Einwanderern in Kontakt und
wurden ihres Landes beraubt.
Die heutige Shinnecock Reser-
vation liegt im Ostteil von Long
Island.*

*Siebente Generation: Es ist eine
alte indianische Tradition, die
Auswirkungen jeder wichtigen
Entscheidung auf die nächsten
sieben Generationen zu beden-
ken.*

Die Lyrikerin und Erzählerin Leslie Marmon Silko wurde 1948 geboren und wuchs auf der Laguna Pueblo Reservation (New Mexico) auf. Chinle ist der kleine Ort am Eingang des Canyon de Chelly.

FALKE UND SCHLANGE

Chinle, Juni 1972

Ich kehre zurück
    gehe langsam
fort von den Häusern und Geschäften
und blicke mich um
    einmal oder zweimal
    sehe die Felder und Zäune
    in der Ferne.

Ich beginne die Weite
    des Himmels zu erkennen
    ein Blau, das alles übersteigt
    ein strahlendes Blau
    über der blassen roten Erde.

Ich rufe mir ins Gedächtnis
wer sonst noch hier lebt
    die Schlange, zusammengerollt auf ihrem Felsen
    aus dem Schatten heraus starrt sie mich an
    ein Falke   hoch oben
    zieht er lautlose Kreise über dem Canyon

Und dann auf einmal
    keine blauen Blumen mehr, keine spitzen Felsen
    kein Quellwasser.

Ich bin zurückgekehrt
    ich schwebe hoch über den Hügeln
    auf braunen gefleckten Schwingen
    ich spähe aus einer Ritze im Fels
    im Mittagsschatten zusammengerollt.

Leslie Marmon Silko

*N. Scott Momaday, ein Kiowa,
wurde 1934 in Oklahoma geboren. Er lebt in Tucson, Arizona.
Absolvent der Universitäten von
New Mexico und Stanford, ist er
seit Jahrzehnten selbst Univer-
sitätsprofessor für Literaturwis-
senschaft und hat auch in
Europa Gastvorlesungen gehal-
ten. Als vielbeachteter Lyriker,
Erzähler und Essayist wurde
Momaday zum wichtigen Weg-
bereiter für viele jüngere indiani-
sche Autorinnen und Autoren.
1969 erhielt er für seinen Roman
„House Made of Dawn" den
Pulitzerpreis. Momaday ist auch
Maler; Ausstellungen seiner
Werke wurden in den Vereinigten
Staaten und in Europa gezeigt.*

DAS LAND RICHTET SICH auf das Ende des Sommers ein. Im weißen Licht wandert weit draußen ein Wirbelwind über die Ebene. Als er vorübergezogen ist, bleibt etwas wie ein Schatten auf dem Gras zurück, ein Nachzittern, dann nichts mehr. Mittags scheint es vollkommen ruhig zu sein, aber das ist eine Täuschung: die Landschaft hebt und senkt sich, von feinen Klängen erfüllt. Im dichten Gehölz des Schwemmlands treibt etwas Dunkles auf dem Washita-Fluß. Eine Wasserspinne krabbelt in eine kleine Lichtpfütze im Rainy-Mountain-Bach, und weiter unten, beim Zusammenfluß, wendet ein Wels in der Strömung und gleitet an die Oberfläche, wo eine Libelle im Zickzackflug jagt. Auf dem höhergelegenen Land klingen die Felder vom Zirpen der Heuschrecken und vom Summen der Bienen; Wiesenlerchen und Fliegenschnäpper schwirren trillernd und pfeifend umher. Irgendwo im Labyrinth der Wasserläufe steht ein Kalb zitternd im Dickicht der Seifenbäume und muht ängstlich. Und hoch oben in der Ferne wendet ein Falke im Sonnenlicht und beginnt zu segeln.

N. Scott Momaday

ZIVILISIERTE MENSCHEN unterliegen oft dem Mißverständnis, die Natur sei ihnen feindlich gesinnt. Aber sie ist nicht feindlich. Nur dann wird es zu gefährlichen Begegnungen kommen, wenn wir uns selbst feindlich verhalten. Es mag Ausnahmefälle geben, aber grundsätzlich glaube ich, daß wir nichts zu fürchten haben als unsere eigene Furcht vor der Natur. Wenn wir ihr vertrauen wollen, müssen wir aufmerksame Beobachter sein und sie verstehen lernen. Ein Beispiel: Wenn du dich mitten in einem Wald zum Schlaf niederlegst, fern von der Zivilisation, wirst du tausend Laute und Geräusche vernehmen. Sobald du dich damit vertraut gemacht hast, sind es tausend freundliche Laute. Aber solange sie dir unbekannt sind, erschrecken sie dich, diese vielen verschiedenen Geräusche. In den Great Smokey Mountains gibt es eine winzige weiße Eule, die furchterregend kreischt. Sie kann dich vor Angst ganz verrückt machen, aber sobald du weißt, daß es nur eine kleine Eule ist, die Mäuse jagt, verfliegt deine Angst. Der Eulenschrei wird zu einem freundlichen Laut. Leider rotten wir jene Tiere aus, die uns beschützen. Beim Kampieren in der Wildnis ist nichts tröstlicher als diese nächtlichen Laute. Erst wenn sie verstummen, ist es Zeit, wach zu werden. Plötzliche Stille tritt nur dann ein, wenn etwas sich herumtreibt, das Angst verbreitet. Wenn du dich der Natur anvertraust, wird sie dir Schutz gewähren.

Ich habe keine Angst vor Tieren, aus welchem Grund sollte ich sie auch fürchten? Kein Tier in Amerika frißt Menschen. Ich gebe zu, daß ich in der Nähe schwarzer Bären ein wenig nervös werde, aber ihnen geht es dabei ähnlich wie mir. Wenn ich sie nicht belästige, trollen sie sich oder wandern weiter. Sie rennen nicht davon, sie ziehen sich langsam zurück. Auf diese Weise bewahren sie ihre Selbstachtung.

Norman H. Russell

DENALI PARK, SEPTEMBER 1982

Nora Marks Dauenhauer ist eine Tlingit-Indianerin. Sie lebt mit ihrem Mann Richard, der wie sie Lyrik schreibt, in ihrem Geburtsort Juneau (Alaska), wo sie 1927 zur Welt kam. Beide setzen sich dafür ein, daß das reiche kulturelle Erbe der Tlingit, eines der Völker der pazifischen Nordwestküste, nicht verlorengeht; in einem dreibändigen Werk dokumentierten sie Dichtung, Redekunst und Traditionen.
Denali: athapaskischer Ausdruck für den Mount McKinley; der Denali Park ist Alaskas größter Nationalpark.

Wie von Feuer verzehrt
ist der Boden:
Blätter in Herbstfarben,
alle Nuancen von Rot.
Der fallende Schnee wird zu
Asche über dieser Glut,
die im gefrierenden Regen leuchtet.
Es ist, als ob Grislybären
über der Glut glänzten,
ihre Pfoten berühren
den Boden kaum.
Wir lauschen, wie die Sandhügel-Kraniche
in der Luft entgleiten, jetzt schon
unhörbar.

Nora Marks Dauenhauer

Audrey Shenandoah ist eine Clanmutter vom Aal-Clan der Onondaga, eines Volkes der Irokesenliga. Die Stammesältesten waren ihre Lehrerinnen und Lehrer; sie nennt als Ursprung ihres Wissens die Tradition des Langhauses und das Leben auf der Reservation. Die Irokesen bezeichnen sich selbst als Hodenosauni, „Volk des Langen Hauses", weil sie die Liga mit einem ihrer Langhäuser, in denen immer mehrere Familien wohnten, verglichen. Audrey Shenandoah hat zehn Kinder und 28 Enkelkinder und sagt von sich selbst: „Ich lerne noch immer."

IN MEINER SPRACHE gibt es kein Wort für Natur. Im Englischen scheint „Natur" einen Bereich zu bezeichnen, der vom Menschen getrennt ist. Das ist eine Abgrenzung, die für uns nicht gilt.

Audrey Shenandoah

ALLES IST EIN KREIS

Wohl durch den Einfluß des Christentums mit der Betonung des Eingottglaubens – im Gegensatz zu den „Göttern" des „Heidentums" – wurde auch bei den indianischen Völkern der personale Aspekt des Schöpfers stärker hervorgehoben, sei es unter dem Namen Acbadadea wie bei den Crow, als Wakan-Tanka oder Kitche Manitou. Früher glaubte man meist an viele verschiedene Manifestationen der alles durchdringenden Lebens- und Schöpferkraft – Manifestationen, die nebeneinander ihren Platz hatten, ohne daß deswegen die Notwendigkeit bestand, komplizierte theologische Systeme aufzubauen. „Wakan-Tanka sind viele, sie sind aber ebenso eins", erklärte ein Sioux.

Die Crow gehören zur Sioux-Sprachfamilie. In ihrer eigenen Sprache nennen sie sich Absaroka („Vogelmenschen").

EIN INDIANER WEISS, daß auch das kleinste Tier große Bedeutung hat und uns vielerlei lehren kann. Ebenso wichtig sind auch alle kleinen Handgriffe, die wir Tag für Tag verrichten. Unser Leben ist – jeden Tag und in jedem Augenblick – voll von vielen Kleinigkeiten. Wir sollten unsere Gedanken nicht auf irgendein großartiges Ereignis konzentrieren, das wir für die Zukunft erwarten, sondern darauf achten, unsere täglichen Verpflichtungen gut auszuführen. So zeigen wir unseren Respekt vor Acbadadea und allem, was er geschaffen hat.

Yellowtail

WENN ICH ÜBER DEN GEGENSATZ Rivalität –
Gemeinsamkeit nachdenke, fällt mir ein, was uns der
Mais dazu lehrt. Mais kann sich nicht selber aussäen.
Wenn ein Kolben auf den Boden fällt, liegen die
Samenkörner dicht beisammen. Im Kampf um ausrei-
chenden Platz verbrauchen sie so viel Energie, daß sie
nicht wachsen können. Um zu gedeihen, muß jedes
Korn einzeln gesetzt werden – aber auch nahe genug
bei den anderen, damit die Pflanze nicht allein dasteht.
Die Harmonie in einer Familie, einer Institution – oder
einer Nation – hängt in großem Maße davon ab, wie-
viel Raum man den Menschen gibt, sich zu entfalten
und zu wachsen.

Marilou Awiakta

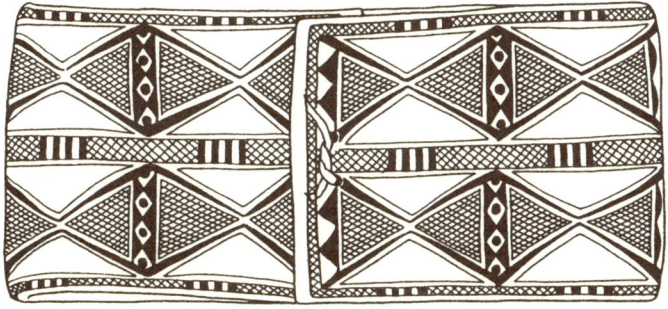

*Marilou Awiakta, geboren 1936,
stammt von Cherokee und
weißen Siedlern ab; ihre Familie
lebt seit mehr als sieben Generationen in den südlichen Appala-
chen. Die mehrfach ausgezeich-
nete Schriftstellerin hat für ihr
Buch „Selu: Seeking the Corn-
Mother's Wisdom" (1993) eine
Form gefunden, die Erzählung,
Gedicht und essayistische Refle-
xion zu einem neuen Ganzen
verbindet. Im Mittelpunkt stehen
die Mythen („Unsere Mutter
Mais"), aber auch der natürliche
Lebenszyklus des Maises.*
*Da sich die Maispflanzen gegen-
seitig befruchten, dürfen sie nicht
in zu großem Abstand gepflanzt
werden. Die „drei Schwestern"
Mais, Kürbis und Bohne, wichtige Grundnahrungsmittel für
viele Indianer, wurden nach
alter Tradition stets gemeinsam
angebaut: Die Kürbisblätter
beschatteten den Boden und
schützten ihn vor Austrocknung
und Erosion, die Bohne konnte
sich an den hohen Maispflanzen
emporranken.*

Carter Camp, einer der Führer des „American Indian Movement" (AIM), sprach diese Worte 1973. An jenem Ort, wo 1890 das Massaker von Wounded Knee stattgefunden hatte, versammelten sich im Jahr 1973 einige hundert Oglala-Lakota und Unterstützer aus anderen Stämmen, um durch eine Besetzung des kleinen Dorfes gegen die Nichteinhaltung der Verträge seitens der US-Regierung und die Mißstände auf der Pine Ridge Reservation zu protestieren. Sie wollten zeigen, daß sie bereit waren, für ihre Rechte zu kämpfen, und riefen die „Unabhängige Oglala-Nation" aus. US-Truppen und das FBI wurden eingeschaltet, eine Blockade wurde verhängt, um den Transport von Lebensmitteln und Medikamenten in das Dorf zu verhindern. 71 Tage lang wurden die Besetzer von Wounded Knee belagert; zwei Indianer wurden dabei erschossen.

Leon Shenandoah (1915–1996) vom Aal-Clan der Onondaga trug den alten Ehrentitel „Tadodaho" – Vorsitzender oder Sprecher der fünfzig gleichrangigen Friedenshäuptlinge, die die Große Ratsversammlung des Irokesenbundes bilden.

INDIANISCHE HÄUPTLINGE wurden aufgrund ihrer Taten gewählt und der Art und Weise, wie sie ihr Volk behandelten, wegen ihrer Großzügigkeit und ihrer Bereitschaft, den Dienst am Volk über alles andere zu stellen. Sie waren dazu da, die Menschen zu leiten, und nicht, sie zu beherrschen.

Carter Camp

ICH SELBST habe keine Macht. Die Menschen hinter mir, mein Volk, haben die Macht. Wirkliche Macht kommt nur vom Schöpfer; sie liegt in seinen Händen. Aber wenn wir über Stärke sprechen, nicht über Macht, dann kann ich sagen: Stärker als alles andere ist Güte und Sanftheit.

Häuptling Leon Shenandoah

FÜR MICH sind die wirklich wichtigen Bereiche, der spirituelle und der politische, eng miteinander verbunden. Du kannst nicht das eine glauben und das andere tun.

Linda Hogan

Linda Hogan (geboren 1947) ist eine Dichterin, Erzählerin und Dramatikerin vom Volk der Chickasaw, die zu den „Five Civilized Tribes" gezählt werden. Sie veröffentlichte eine Reihe von Gedichtbänden, aus denen eine starke Verbundenheit mit ihrer Familie und ihrem Volk spricht, die aber auch ihr Eintreten für die Natur literarisch dokumentieren. Hogans Roman „Mean Spirit" erhielt 1990 den Oklahoma Book Award for Fiction. Sie lehrt an der Universität von Colorado und arbeitet bei „wildlife rehabilitation"-Projekten mit.

IN EINER STAMMESKULTUR hat jeder einzelne seinen eigenen Platz. Jemand, der intensiver mit den Geistwesen in Verbindung tritt als andere, ist deshalb nicht ein besserer Mensch oder hat eine höhere Stellung inne, er führt nur eine von vielen Aufgaben aus, die dem Volk dienen. Die Frau, die das Feuer anfacht, ist genauso wichtig wie jene, die die Seelen leitet.

Linda Hogan

ICH GLAUBE, daß die Geschichtsschreibung über Indianer die Frauen oft vernachlässigt hat. Als ich jung war, dachte ich, daß indianische Frauen in den alten Zeiten als Sklavinnen betrachtet wurden, denn so las ich es in den Büchern. Mittlerweile weiß ich, daß Frauen in manchen Stämmen nicht besonders gut behandelt wurden, in anderen den Männern jedoch gleichgestellt waren und bei einigen sogar Häuptlings- und Führungsämter innehatten.

Wenn man an das traditionelle Leben der Großmütter meines Volkes moderne Maßstäbe anlegt, könnte man natürlich sagen, daß es sehr anstrengend war und viele Härten mit sich brachte. Eine moderne Frau würde sich dagegen auflehnen, mitten im kalten Winter schwere Bündel Feuerholz heimzutragen, während ihr Ehemann im Zelt saß, Pfeife rauchte und seine Freunde unterhielt. Doch meine Großmütter schleppten Holz, solange sie dazu imstande waren, und beklagten sich nicht. Sie holten auch Wasser aus Löchern, die sie in den zugefrorenen Fluß gehackt hatten. Die Großväter meines Volkes wiederum verbrachten zahllose eiskalte Wintertage und -nächte im Freien, um zu jagen und Nahrung nach Hause zu bringen. Sie beschützten ihre Familien vor herumstreichenden Feinden oder marschierten Hunderte von Meilen, um dringend benötigte Pferde zu erbeuten, was gleichzeitig auch das soziale Ansehen der Familie hob. Die Zeiten haben sich dermaßen geändert, daß wir uns die täglichen Herausforderungen, mit denen unsere Vorfahren konfrontiert waren, kaum vorstellen können.

Beverly Hungry Wolf

IN UNSERER GESELLSCHAFT nehmen die Frauen einen besonderen Platz ein, einen Ehrenplatz. Wir haben die Fähigkeit, neues Leben auf diese Erde zu bringen. Wir haben die Verantwortung, dieses Leben von Anfang an zu nähren, in jenem Zeitraum, in dem es am wichtigsten und notwendigsten ist: in der Zeit, da die Kinder noch klein sind und ihre ersten Lebenserfahrungen sammeln.

Für Kinder zu sorgen ist nicht nur ein Job oder eine lästige Pflicht – es ist etwas, was wir gerne tun. Zwischen Enkeln und Großeltern oder Tanten gibt es eine besondere Beziehung; jeder, der selbst Enkelkinder hat, weiß das. Und später im Leben, wenn die einst jungen Leute alt geworden sind und die Jahre erreicht haben, wo sie die Erde bald verlassen werden, sind es wieder die Frauen, die sie darauf vorbereiten. So liegt die Sorge für einen Menschen während seines ganzen Lebens – von der Zeugung an über die Geburt bis zum Tod – in den Händen der Frauen, und das ist für uns eine heilige Verpflichtung.

Oft habe ich in Zeitschriften gelesen, das Ansehen eines Menschen, der sich um Nahrung und Ernährung kümmert, sei gering. Die Kinder zu betreuen und das Haus in Ordnung zu halten – auch das wird von vielen als niedrige Art von Arbeit betrachtet. In unserer Lebensform ist dies aber von großer Bedeutung, eine der wichtigsten Aufgaben, die ein Mensch übernehmen kann.

Audrey Shenandoah

Auch unter jungen Indianerinnen wird heutzutage die Rolle der Frau diskutiert. Audrey Shenandoah stellt dazu fest, daß es in ihrem Volk nie ein enges Rollenbild gegeben hat: „Bei uns konnten die Frauen immer alles machen, wozu sie physisch in der Lage waren. Es gab nicht das Etikett ‚Frauenarbeit‘ oder ‚Männerarbeit‘. Alles beruhte auf Zusammenarbeit und Balance zwischen den Geschlechtern.“ Bei den Irokesen waren die Frauen, die die Felder bestellten und betreuten, für den Lebensunterhalt ebenso wichtig wie die für Jagd und Fischfang zuständigen Männer. Die Clanmütter wählten den Friedenshäuptling (Sachem) einer Siedlung und konnten ihn auch wieder seines Amtes entheben, wenn er seine Aufgabe nicht gut erfüllte. Das Clansystem war auf Mutterrecht und Mutterfolge aufgebaut; Kinder gehörten dem Clan der Mutter an.

Indianische Kinder wurden nicht nur von ihren Eltern liebevoll betreut, sondern von der ganzen Sippe.

Die Winnebago gehören zur Sprachgruppe der Sioux; sie wohnten nördlich des Michigansee-Westufers in Dörfern, zogen auf die Büffeljagd und bauten Mais, Tabak und Kürbisse an. Heute leben sie zusammen mit den Omaha in einer Reservation in Nebraska, wohin man sie aus ihrer fast idyllischen Heimat vertrieb.

Der aphoristisch zugespitzte Satz von Dan George schließt natürlich das gesamte Umfeld, in dem ein Kind aufwächst, mit ein: Zuwendung, Frieden, intakte Natur.

KINDER ERINNERN UNS DARAN, auf welche Weise wir einst die Welt sahen. Wenn wir einen Augenblick innehalten, entdecken wir, daß diese Art, die Welt zu betrachten, immer noch eine sehr gute ist. Im Lauf der Zeit und bei wachsender Lebenserfahrung verlieren wir oft die Frische und Unmittelbarkeit. Die Kinder geben sie uns wieder zurück.

Kinder sind wunderbare Lehrer. Sie schärfen unser Bewußtsein für die Sprache, denn sie sind imstande, auf phantasievolle Weise mit ihr umzugehen und sie für uns neu und lebendig zu machen. Sie sehen die Welt aus einem interessanten Blickwinkel, ohne all die Verzerrungen, die sich im Lauf des Lebens ansammeln. Und sie können Dinge sagen, die uns in ihrer Klarheit und Einsicht in Staunen versetzen.

N. Scott Momaday

MEINE KINDER, auf dem Weg durch euer Leben fügt niemandem Leid zu, seid niemals Anlaß, daß ein anderer betrübt ist. Im Gegenteil: Wann immer ihr einen Menschen glücklich machen könnt, tut es!

Winnebago-Ausspruch, um 1923

DAS EINZIGE, was die Welt wirklich braucht, ist, daß jedes Kind auf ihr glücklich heranwachsen darf.

Dan George

GELUNGENE ERZIEHUNG zeigt sich darin, daß ein Kind fähig wird, all das zu meistern, was ihm das Leben schickt. Ein anderes Maß für die Erziehung ist Glücklichsein.

Mike Doxtater

Mike Doxtater ist ein Mohawk-Schriftsteller; sein indianischer Name lautet Thohaho'ken. Die Mohawk gehören zum Irokesenbund.

▲▲▲▲▲▲▲▲▲

Katsi Cook ist eine Mohawk-Indianerin und gehört zur Gründergruppe der „Akwesasne Notes", einer Zeitung, die von den Mohawk in der Akwesasne Reservation („Akwesasne": „Wo das Rebhuhn balzt") am St.-Lorenz-Strom herausgegeben wird. Diese erste panindianische Zeitung hatte große Bedeutung für die Indianerbewegung der siebziger Jahre und vertritt auch die Anliegen der indigenen Völker Mittel- und Südamerikas. Seit 1978 ist Katsi Cook als Hebamme tätig, hält Vorträge über Heilpraktiken und organisiert ein Projekt, in dessen Mittelpunkt die Gesundheit der Frauen steht.

Der Irokesenbund wurde um 1570 von Dekanawida und Hayenwaton oder Ayonwentha (oft auch Hiawatha genannt) gegründet, um die ständigen blutigen Kleinkriege unter den Stämmen zu beenden. Er besteht bis heute. Seine demokratischen Prinzipien haben die amerikanische Verfassung beeinflußt.

IM BEWUSSTSEIN DER UREINWOHNER Amerikas ist Gesundheit eine Frage des Gleichgewichts und der Harmonie. In früheren Zeiten hielt unser Volk dieses Gleichgewicht durch ein ausgewogenes System von Zeremonien und Kenntnissen aufrecht, welches auf dem Wissen beruhte, daß wir mit allem im Universum verwandt sind und jeder Lebensform Ehrfurcht entgegenbringen müssen. Die Zweiheit männlich und weiblich finden wir in der ganzen Schöpfung, alles hat sein Gegenstück und bleibt so in der Balance. Wind und Regen, Felsen und Flüsse – überall gibt es männlich und weiblich. Zwischen diesen beiden Polen strömt die Lebenskraft, die auf Mutter Erde zur Ruhe kommt.

Die Zweiheit männlich-weiblich ist grundlegend im Leben. Dieser Gedanke drückt sich auch im politischen System mancher indianischer Gemeinschaften aus, so etwa im Irokesenbund, wo Männer und Frauen gemeinsam in der Ratsversammlung sitzen.

Katsi Cook

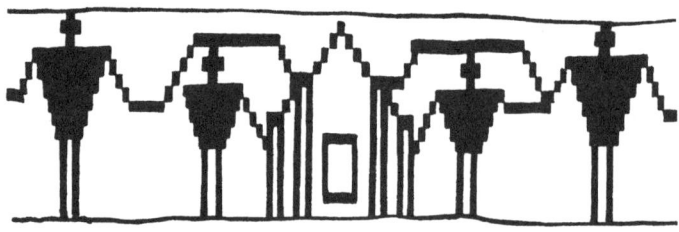

O WELCHES GLÜCK,
welche Freude,
wenn wir zusammen
unter einer Decke gehen.
Wir gehen miteinander
unter einer Decke,
wir beide!

KANN ES SEIN,
daß mein schönes Mädchen
ganz allein in der Nacht
dasitzt und wartet?
Wartet sie
auf mich?
Wartet sie
auf mich?

Zwei Liebeslieder der Zuni

*Diese Lieder wurden auch
„Blanket Songs" genannt; die
Liebenden wickelten beim Spa-
zierengehen oft eine Decke um
sich, unter der sie verborgen
Zärtlichkeiten austauschen
konnten.*

DURCH IHRE ART DER ERZIEHUNG wurde zwischen den Sioux-Eltern und ihren Kindern ein starkes Band geknüpft; als wir heranwuchsen, nahm auch die Achtung vor unseren Eltern zu. Als Erwachsene freuten wir uns schon auf die Zeit, in der wir unseren Eltern ihre liebevolle Zuwendung vergelten und für sie sorgen durften, sobald sie alt geworden waren. Wir betrachteten dies als Freude und nicht als lästige Pflicht.

Luther Standing Bear

SELBSTBILDNIS

Die gebeugte alte Frau
sitzt da,
komponiert Schatten,
webt Wandteppiche
aus Spinnweb und Staub,
besingt die Falten
in ihrem Gesicht.

Judith Mountain Leaf Volborth

▼▼▼▼▼▼▼▼▼▼▼▼▼▼

*In diesem Gedicht der Apachin/
Comanchin Judith Mountain
Leaf Volborth verschmilzt das
Selbstporträt einer Dichterin mit
dem Bild der mythischen Spin-
nenfrau, die aus ihrem eigenen
Körper Neues erschafft. „Grand-
mother Spider" (auch als
„Thought-Woman" bekannt)
spielt in vielen Schöpfungsmythen eine wichtige Rolle. Für
moderne indianische Schriftstel-
lerinnen symbolisiert sie Stärke
und Macht der Frau.*

Die enge Beziehung Russels zur Natur drückt sich in seinen Gedichten aus, die in 13 Bänden vorliegen – ebenso in den 13 Botanikbüchern des Autors.

DAS KNIE DES ALTEN MANNES

als mein knie einknickte
setzte ich mich eine zeitlang nieder
vögel kamen und umflogen mich
der wind spielte laubmusik
schwarze käfer eilten vorbei
auf ihren geheimen wegen
langsam, ganz langsam schob ein pilz
ein vermodertes blatt in die höhe
eine kleine blaue blüte
schaute auf einen roten salamander hinab
die sonne ging vorüber
sie war nicht in eile
eine rebe rankte sich um einen baum
und blickte mich an
und eine bachmücke, die auf und ab tanzte
berührte mein gesicht

als mein knie nicht mehr weh tat
gab ich vor, es wäre verletzt
und blieb noch eine weile.

Norman H. Russell

EINES MORGENS war ich mit dem Auto unterwegs von Stillwell nach Tahlequah. Auf einem Hügel scherte ein Wagen in der Gegenrichtung aus, um zu überholen, und stieß frontal mit mir zusammen. Die Fahrerin des Wagens war meine beste Freundin, Sherry Morris. Sie war sofort tot.

Die Ärzte erzählten mir später, ich sei so schlimm zugerichtet gewesen, daß sie im ersten Augenblick nicht einmal gewußt hätten, ob ich ein Mann oder eine Frau sei. Ein Bein war zertrümmert, eines gebrochen; ebenso meine Nase und andere Knochen im Gesicht. Von all dem weiß ich nichts mehr, ich kann mich heute nur noch daran erinnern, was ich fühlte. Ich lag im Sterben, und doch war es eine schöne und spirituelle Erfahrung, liebevoll, warm und weich. Ich hatte keine Angst mehr vor dem Tod. Ich erkannte, wie wertvoll Leben und Gesundheit sind und wie wichtig es ist, mit seinem Leben etwas Sinnvolles anzufangen. Mir wurde bewußt, wie unbedeutend ein Mensch im Gefüge des Ganzen eigentlich ist. Es ist kostbar, da zu sein und am Leben der Welt Anteil zu nehmen.

Wilma Mankiller

Der Unfall geschah 1979 auf der Fahrt von Wilma Mankillers Geburtsort Stillwell nach Tahlequah, dem Hauptort der Cherokee Nation of Oklahoma. „Dieser Unfall hat mein Leben verändert", sagt Mankiller. „Ich unterscheide zwischen der Frau, die ich vorher war, und der, die ich danach geworden bin. Dem Tod so nah zu sein – das hat mich über mein Ich hinaus zu einer großen Ruhe geführt."

DIE NEGATIVEN ERFAHRUNGEN sind unbestreitbar da. Aber es ist zumindest ebenso wichtig, das Positive im Leben zu sehen – und es zu feiern.

N. Scott Momaday

N. Scott Momadays Stimme hat bei Indianern und Weißen Gewicht. „Ancestral Voice" nennt Charles L. Woodard eine Sammlung von Interviews und Gesprächen, die er mit Momaday in den Jahren 1986 und 1987 über eine Fülle von Themen geführt hat; einige Passagen daraus haben wir für dieses Buch ausgewählt und übertragen.

ICH DENKE, es liegt sehr viel Würde darin, sich die eigene begrenzte Lebenszeit bewußtzumachen und sie zu bejahen. Wenn ich meine Aufgabe erfüllt und mir meinen Tod verdient habe, dann möchte ich für ihn bereit sein. Ich möchte ihn willig annehmen. Diese Einstellung erscheint mir positiv und wertvoll.

Ich möchte nicht durch eine Maschine am Leben erhalten werden. Ich hoffe, das wird niemals geschehen, und ich werde mich sicher dagegen wehren, wenn ich kann. Ich möchte mich vielmehr mit dem Tod versöhnen. Mit ihm geistig im Einklang sein. Das Gefühl haben, daß ich ihn mir verdient habe. Das ist ein zutiefst indianischer Gedanke. Ich glaube, er bewirkt etwas sehr Gutes – eine gute Einstellung zu sich selbst und zur Gemeinschaft. Die Spanne des eigenen Lebens!

N. Scott Momaday

LIED DER SEELE

Wenn meine Zeit gekommen ist,
werde ich die Grenze still überschreiten,
eine alte narbige Bärin, die lautlos über Wiesen geht,
wo Rittersporn blüht –
das Gras beugt sich sanft unter meinen Füßen
und richtet sich wieder auf,
kein geknickter Halm zeigt an, daß ich da war.
Der Wind in den Bäumen
macht das Geräusch meiner Schritte unhörbar,
er löscht jede achtlose Spur, die ich im Sand zurückließ.
Wer meint, er sehe meine Gestalt,
wie sie bedächtig dahingeht,
erblickt nur lange Schatten, die ein Fels wirft
aus Granit oder Sandstein.
Vielleicht lasse ich ein paar Haarsträhnen zurück,
die sich an Zweigen verfangen haben,
aber nur Vögel beim Nestbau wissen,
daß sie von mir sind.
Im ersten Tageslicht entscheide ich mich,
unsichtbar zu werden,
überschreite die letzte greifbare Grenze,
um wieder frei zu sein.
Keine Spur bleibt von mir oder der,
die ich kurze Zeit war,
außer vielleicht einem Stück versteinerten Knochens
– ein Steinamulett als Geschenk an die Erde –
oder einem Lied, das aber kaum vernehmbar ist.
Du magst meine Stimme hören, wenn ein Wolf

das Aufgehen des Mondes
mit seinem Singen begleitet, und dir scheint,
ich rufe deinen Namen im Rauschen eines Flusses.
Vielleicht weißt du,
daß ich dich durch die Augen des Falken sehe,
daß meine Gegenwart spürbar ist,
nur nicht mehr greifbar.
Mein Körper ist fortgegangen, unwiderruflich,
aber mein Geist tanzt in der Morgensonne
und im Adlerflug.
Als leichter Windhauch
werde ich über deine Wange streichen
und in stiller Liebe die Erde berühren,
wieder zu Erde werden
                            und zu Allem-Was-Ist.

Carol Snow

Aus DAS LIED DER STERNE

Wir sind die Sterne, die singen.
Wir singen mit unserem Licht.
Wir sind die Feuervögel.
Wir fliegen über den Himmel.
Unser Licht ist eine Stimme.
Wir bereiten den Weg
für die Geister der Toten.

Lied der Passamaquoddy

Carol Snow vom Volk der Seneca (Irokesenbund) wurde auf der Allegany Indian Reservation im Staat New York geboren. Sie studierte Zoologie an der Syracuse University und der Universität von Wyoming. Als Künstlerin widmet sie sich vor allem der Darstellung von Tieren – besonders jener, die frei in der Wildnis leben – und indianischen Themen. Sie hat erkannt, daß Tiere nicht nur Freunde und Weggefährten sind, sondern auch Lehrer sein können, heißt es einmal über sie.

Die Passamaquoddy werden wie die Penobscot, Malisit und andere Gruppen zum Wabanaki-Bund gezählt; sie sind Waldindianer und gehören der Algonkin-Sprachfamilie an. Sterne stellen für Indianer niemals nur tote Materie dar, sondern werden wie alles im Universum als lebendige Wesen betrachtet; in vielen Mythen haben sie besondere Bedeutung. Bei den Pawnee etwa empfängt der Südstern am südlichen Ende der Milchstraße die Totengeister.

Am Anfang des 19. Jahrhunderts hatten die Ojibway ein großes Gebiet besiedelt, das von Michigan und Ontario bis zum Prärieland von Saskatchewan reichte. Meist lebten die einzelnen Sippen unabhängig voneinander auf dem eigenen Jagdgebiet. Zur Erntezeit (Wasserreis) schlossen sich mehrere Sippen zu einem größeren Verband zusammen. Der wilde Wasserreis ist eine Art Hafer, der in Seen und Sumpfgebieten wächst; er wurde im September geerntet, was jedesmal ein festlicher Anlaß war. Die Ojibway gewannen auch Ahornsirup: Im Frühjahr, wenn der Saft in den Bäumen hochstieg, zapfte man die Stämme an und sammelte den heraustropfenden Saft in Gefäßen aus Birkenrinde. Die Birke hatte für die Ojibway fast ebenso große Bedeutung wie der Bison für die Plains-Indianer. Aus Birkenrinde fertigten sie ihre Kanus an, sie deckten damit ihre kuppelförmigen Wigwams oder die nach dem Prinzip des Tipis gebauten kegelförmigen Hütten. Gefäße, Behälter, Teller, Körbe – alles wurde aus Birkenrinde hergestellt.

DIE OJIBWAY waren in erster Linie Menschen des Friedens, Visionäre, deren Überleben von der Jagd abhing. In ihrer Kultur wurde der Wert eines Mannes an seiner Großzügigkeit und seiner Tüchtigkeit auf der Jagd gemessen und nicht daran, wie viele Feinde er im Kampf getötet hatte. Sie gingen auf den Kriegspfad, wenn es notwendig schien, ein wirkliches oder vermeintliches Unrecht zu rächen, das ihnen selbst oder einem der Verwandten zugefügt worden war. Es war eine Frage des Stolzes, eine Beleidigung oder ein Unrecht niemals ungestraft zu lassen – aber nie wurde ein Konflikt mit dem Ziel begonnen, andere zu unterwerfen und sich untertan zu machen. Die vielen rituellen Handlungen während eines indianischen Kriegszuges betonten die Tatsache, daß ein Kampf als heiliger Auftrag angesehen werden konnte.

Stammeskriege entstanden also aus der Notwendigkeit, Rache zu üben. Selten war eine größere Zahl von Kriegern daran beteiligt, es handelte sich in der Regel um einen Überfall, von dem man sich rasch wieder zurückzog; meist dauerte es nicht länger als einen halben Tag. Ein solcher Konflikt betraf eher einzelne Personen als den ganzen Stamm, und er wurde mit leidenschaftlichem Pflichtgefühl ausgetragen.

Basil Johnston

ICH DACHTE
ich wäre
ein Wolf
aber die Eulen
schreien
und ich fürchte
die Nacht

Gray Hawk

*Gray Hawk war ein Teton-
Lakota. Sein Lied wurde im
Jahr 1918 ins Englische über-
setzt.*

KRIEGER,
ihr seid geflohen.
Selbst der Adler muß einmal sterben.

Kriegslied der Teton-Lakota

*Das alte Kriegslied der Teton-
Lakota appelliert in denkbar
knappster Form an den Mut
der Krieger. Der Adler ist unter
allen Geschöpfen eines der
angesehensten.*

Der Cheyenne Wooden Leg wurde 1858 geboren. Sein Name leitet sich von einem Wahlonkel her, der sehr tapfer und besonders ausdauernd war, wenn es galt, weite Strecken zu Fuß zurückzulegen. „Seine Beine müssen aus Holz sein, denn er wird nie müde", sagte man und gab ihm den Namen „Mit hölzernen Beinen".

1876 kämpfte Wooden Leg gegen General Custer und dessen Soldaten – im letzten Verzweiflungskampf der Plains-Indianer (Sioux, Cheyenne, Arapaho) am Little-Bighorn-Fluß, in dem die amerikanische Armee vernichtend geschlagen wurde. Zuvor hatten die Weißen in den Black Hills, den heiligen Bergen der Sioux, Gold gefunden; die Sioux wurden daraufhin aufgefordert, die Black Hills an die Weißen abzutreten, obwohl ihnen die Besitzrechte 1868 im Vertrag von Fort Laramie feierlich bestätigt worden waren.

DAS KRIEGERLEBEN EINES CHEYENNE begann im Alter von etwa sechzehn oder siebzehn Jahren, manchmal sogar etwas früher, wenn es sich um keine allzu schwierigen und gefährlichen Aufgaben handelte. Es endete zwischen fünfunddreißig und vierzig. In der Regel sollte jeder Mann seinem Volk so lange als Krieger dienen, bis sein Sohn alt genug war, diesen Platz einzunehmen. Dann zog sich der Vater aus dem Kampf zurück, und der Sohn griff für die Familie zu den Waffen. Wenn ein Mann das mittlere Alter erreichte, ohne einen Sohn zu haben, adoptierte er einen. Hatte er mehrere Söhne, so konnte der zweite oder dritte von einem anderen Mann adoptiert werden. Auf diese Weise waren es stets die jungen, meist unverheirateten Männer, die angriffen und kämpften. Die Väter und älteren Männer blieben im Hintergrund, um Hilfe zu leisten oder die Frauen und Kinder zu schützen. Falls es möglich war, folgten die Väter, die alten Männer und die Frauen den jungen Kriegern, riefen ihnen aus sicherer Entfernung Ratschläge und Ermutigungen zu und feuerten sie mit Liedern an.

Wooden Leg

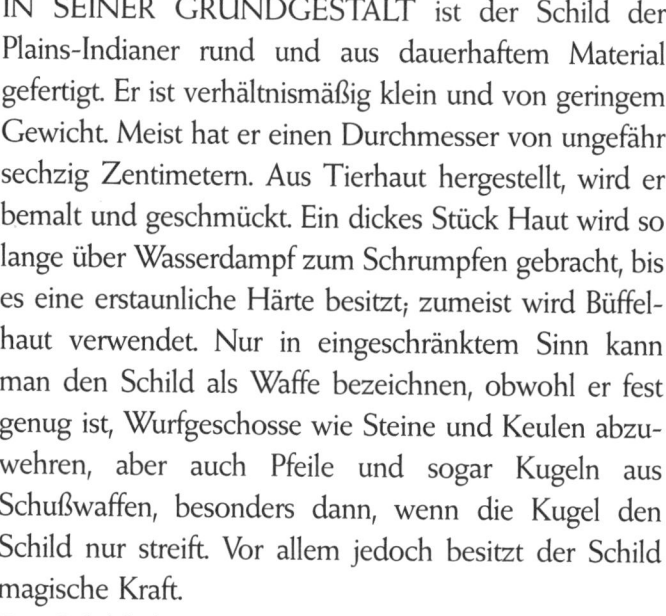

IN SEINER GRUNDGESTALT ist der Schild der Plains-Indianer rund und aus dauerhaftem Material gefertigt. Er ist verhältnismäßig klein und von geringem Gewicht. Meist hat er einen Durchmesser von ungefähr sechzig Zentimetern. Aus Tierhaut hergestellt, wird er bemalt und geschmückt. Ein dickes Stück Haut wird so lange über Wasserdampf zum Schrumpfen gebracht, bis es eine erstaunliche Härte besitzt; zumeist wird Büffelhaut verwendet. Nur in eingeschränktem Sinn kann man den Schild als Waffe bezeichnen, obwohl er fest genug ist, Wurfgeschosse wie Steine und Keulen abzuwehren, aber auch Pfeile und sogar Kugeln aus Schußwaffen, besonders dann, wenn die Kugel den Schild nur streift. Vor allem jedoch besitzt der Schild magische Kraft.

Der Schild der Plains-Indianer spiegelt den Charakter ihrer Kultur wider, die auch als Reiterkultur bekannt ist. Er gibt Zeugnis von einer nomadischen Gesellschaft mit einem ausgeprägten Kriegerideal. Wer einen Schild trug, war ein Jäger oder Kämpfer, dessen Aufgabe darin bestand, Feinde zu überfallen, Beute zu machen und außergewöhnliche Tapferkeit zu beweisen.

Der ästhetische Aspekt der Schilde aus den Plains ist unverkennbar; ein Schild ist ein einzigartiges Kunstwerk. Für den Schmuck des Schildes wird ausnahmslos die größte Mühe aufgewendet. Die künstlerische Gestaltung vieler Schilde aus den Plains ist hoch entwickelt, was Proportion, Verzierung, Symmetrie, Farbgebung und Phantasie betrifft.

Jeder Schild ist seinem Besitzer wesensverwandt, bringt dessen Persönlichkeit zum Ausdruck. Tatsächlich ist die Beziehung zwischen den beiden so unmittelbar, so eng, daß sie im Grunde genommen nicht beschrieben werden kann. Der Krieger aus den Plains und sein Schild sind eigentlich eins. Der Schild ist seine persönliche Fahne, die Darstellung seines Namens und seiner Vision, der Gegenstand seines heiligsten Strebens, der greifbare Ausdruck seines innersten Wesens. Wenn er seinen Schild trägt, sagt er: „Mein Schild steht für mich, und ich stehe für meinen Schild. Ich bin, und ich bin mein Schild!"

N. Scott Momaday

▼▼▼▼▼▼▼▼▼

Peter Blue Cloud (mit indianischem Namen Aroniawenrate) ist ein Mohawk vom Schildkröten-Clan. Er war Lyrikredakteur der von seinem Volk herausgegebenen Zeitschrift „Akwesasne Notes" und hat mehrere Gedichtbände veröffentlicht. Blue Cloud, der wie viele andere Mohawk eine Zeitlang als Stahlarbeiter im Hochbau arbeitete, ist auch Erzähler und Holzschnitzer. 1981 erhielt er den American Book Award.

ZEITGENÖSSISCHE INDIANISCHE KÜNSTLER schaffen ihre Werke aus einer großen Fülle von Traditionen heraus. Eine aus der Kindheit erinnerte Geschichte wird auf einer Leinwand frei gestaltet, wie ein Echo von damals, aber niemals in erstarrter Form, denn noch immer erzählen die Ältesten dieselbe Geschichte irgendwo an einem fernen Ort.

Ein Lied spiegelt sich einen Augenblick lang auf einem Türkis, wandert weiter, um vielleicht dem Farbmuster einer Decke Leben zu verleihen. Finger flechten einen Lobgesang auf die Pflanzen der Umgebung in einen Korb, der gewölbt ist wie der Himmel. Eine gebogene Klinge schält vorsichtig Späne von einem Stück Holz, um ein Schnitzwerk zu formen, in dem Holz und Schnitzer völlig im Einklang sind.

Der Hirsch wandert auf seinem Wechsel dahin, und der Adler kreist am Himmel. Lachs und Bär begegnen einander an einer Stromschnelle. Die Kinder tanzen. All das nimmt das Auge des Künstlers auf, und die Vorstellungskraft führt ihm die Finger.

Das Wolfsrudel zerrt am Kadaver eines alten Wapitihirsches. Ein gespeerter Seehund wirft sich auf dem Eis hin und her. Ein Stammesältester legt sich zum Sterben nieder und summt ein stolzes Todeslied. Der Kreis hat kein Ende.

Der Künstler betrachtet ein fertiges Werk, er sitzt da, im Gleichgewicht zwischen dem Ende der Welt und ihrem Beginn.

Peter Blue Cloud

BEVOR DIE EUROPÄER KAMEN, gab es bei uns kein Wort für Kunst. Die zeitgenössische Kunstauffassung ist aus der Assimilierung euro-amerikanischer Weltanschauung entstanden; sie entspricht nicht dem Denken der Ureinwohner.

Heutzutage wird alles aufgeteilt und voneinander abgetrennt, mit einem Etikett versehen und nach einzelnen Funktionen kategorisiert. Wissenschaft, Religion, Kunst, Politik, Gesetzgebung usw. sind nur einige Beispiele dafür, und auch diese Bereiche werden oft noch in spezielle Untergruppen eingeteilt.

Demgegenüber waren die Ureinwohner dieser Schildkröteninsel überzeugt, daß alles miteinander verbunden ist. In dieser spirituellen Grundhaltung gehörten Natur, Familie, soziale Fähigkeiten und Kunst untrennbar zu ihrer Kultur und stellten eine ganzheitliche Ausdrucksform dar.

Kunst, wie sie die heutige Welt versteht, war in der Zeit vor der europäischen Einwanderung ein Ausdruck des Ethos der Ureinwohner. Was ihre Hände und Herzen schufen, war niemals dazu bestimmt, Neugier zu erregen oder Vergnügen zu verschaffen. Die künstlerische Ausdruckskraft war ein heiliger Akt.

Iron Thunderhorse

„Schildkröteninsel" ist die indianische Bezeichnung für den nordamerikanischen Kontinent. In vielen Schöpfungsmythen der Ureinwohner spielt die Schildkröte eine im wahren Wortsinn tragende Rolle: Vor der Erschaffung der Welt (in anderen Mythen nach der großen Urflut) gibt es nichts als Wasser. Verschiedene Tiere tauchen bis auf dessen Grund und holen etwas Erde herauf, um die Welt (neu) zu erschaffen. Die Große Schildkröte erklärt sich nun bereit, diese Erde auf ihrem Rücken zu tragen.

LANGE BEVOR DER INDIANER fähig war, Musikinstrumente herzustellen, dichtete und sang er Lieder, in denen er die Geschichte seines Stammes festhielt. Er erzählte von seinen Kriegen, seinen Zeremonien und seinen Wanderungen. Es gab Mutgesänge, Medizinlieder, Kriegsgesänge, Lieder, in denen das Große Geheimnis verehrt wurde, und Liebeslieder. Jeder der verschiedenen Bünde in seinem Stamm hatte eigene Lieder, die nur von Mitgliedern gesungen wurden. Aber auch ein einzelner konnte Lieder besitzen, die er für sich selbst komponiert hatte. Diese Lieder wurden als persönliches Eigentum betrachtet; es wäre Diebstahl gewesen, das Lied eines anderen zu übernehmen. Manchmal wurden Lieder jedoch verschenkt wie andere Gaben aus dem eigenen Besitz. Zu welchem Anlaß auch immer – der Indianer sang!

Luther Standing Bear

FÜR UNS LAKOTA stellt die Flöte das Wesen des Windes dar. Die Flöte verleiht der Schönheit des Landes ihre Stimme, sie ist der Klang des Windes, der im Laub und in den Gräsern raschelt, über die Berge und Hügelkuppen streicht oder den Wasserspiegel von Seen und Bächen kräuselt.

Kevin Locke

ES IST EIN LEBENSPRINZIP der Pueblovölker, daß sie stets dem Mittelpunkt zustreben. Ihre religiösen Zeremonien finden in der Kiva statt, die immer auf dem zentral gelegenen Platz steht. Das Pueblo war umgeben von zahlreichen Viehgehegen, Obstgärten und Gärtchen, in denen Mais, Chilipfeffer, Melonen und Kürbisse gepflanzt wurden. Im Herbst, vor allem am späten Nachmittag, verlieh die Sonne den Lehmziegelmauern ein zauberhaftes Leuchten, kupfer- und goldfarben; strahlend rote Girlanden aus Chilischoten hingen an den Außenwänden der Häuser.

1946 gab es noch keine Elektrizität im Pueblo Jemez, auch kein Wasser im Dorf außer jenem, das von Windmühlen – drei oder vier waren es – aus dem Boden gepumpt wurde. Die Männer leiteten Wasser aus dem Fluß auf ihre Felder; ein verzweigtes Netz von Bewässerungsrinnen durchzog das gesamte Farmland. Und selbstverständlich hing viel vom Regen und vom Schneefall in den Bergen ab. In den Pueblos ist Wasser etwas Heiliges; dort begreift man, daß man es aus ganzem Herzen ersehnen kann. Man lernt, den Wasserstand des Flusses zu beobachten, und wenn der Regen kommt, hält man ihm Hände und Gesicht entgegen.

N. Scott Momaday

N. Scott Momaday wuchs in verschiedenen Reservationen im Südwesten – dem Land der Pueblo-Indianer – auf und betrachtet New Mexico als seine spirituelle Heimat. Aufgrund der Dürre und Trockenheit des Landes sind viele Lieder und Gebete der Pueblovölker auf den lebenspendenden Regen ausgerichtet. Die Hauptnahrung bestand aus Mais, Kürbis und Bohnen; Baumwolle wurde kultiviert, der Truthahn seiner Federn wegen als Haustier gehalten. Töpfer- und Webkunst waren hoch entwickelt.

Das Hopi-Wort „Kiva" bezeichnet die runde oder rechteckige Zeremonialkammer, die aus dem alten Grubenhaus hervorgegangen ist. Außer den großen Tanzanlässen fanden alle religiösen Handlungen in diesen unterirdischen oder vertieft angelegten Kulträumen statt.

*Die Midewiwin-Zeremonie, aus
der dieser Auszug stammt, ist
eine der ältesten Zeremonien der
Ojibway. Sie soll den Teilneh-
menden inneren Frieden schen-
ken und sie dazu befähigen, das
Gute im Leben zu suchen.*

DANKE DEM GROSSEN GEIST
für all seine Gaben.
Ehre die Alten; wenn du dies tust,
ehrst du die Weisheit und das Leben.
Ehre das Leben in all seinen Formen;
dadurch wird dein eigenes Leben gestärkt.
Ehre die Frauen; wenn du sie achtest,
ehrst du das Geschenk des Lebens und der Liebe.
Stehe zu deinen Versprechen; wenn du dein Wort hältst,
bleibst du dir und den anderen treu.
Sei freundlich und gütig und bereit zu teilen.
Sei friedfertig; durch Friedfertigkeit werden alle
den Großen Frieden finden.
Sei tapfer; durch deinen Mut
wird die Stärke aller wachsen.
Sei maßvoll in allem; beobachte gut, höre zu
und wäge ab; dann wirst du besonnen handeln.

Ojibway

*Die Worte von Betty Laverdure,
einer Ojibway, wurden im Jahr
1993 veröffentlicht.*

ALLES IST EIN KREIS. Jeder von uns ist für seine
Taten selbst verantwortlich. Was immer wir auch tun, es
wirkt auf uns zurück.

Betty Laverdure

WER FRAGT NACH MEINEM SCHMERZ?

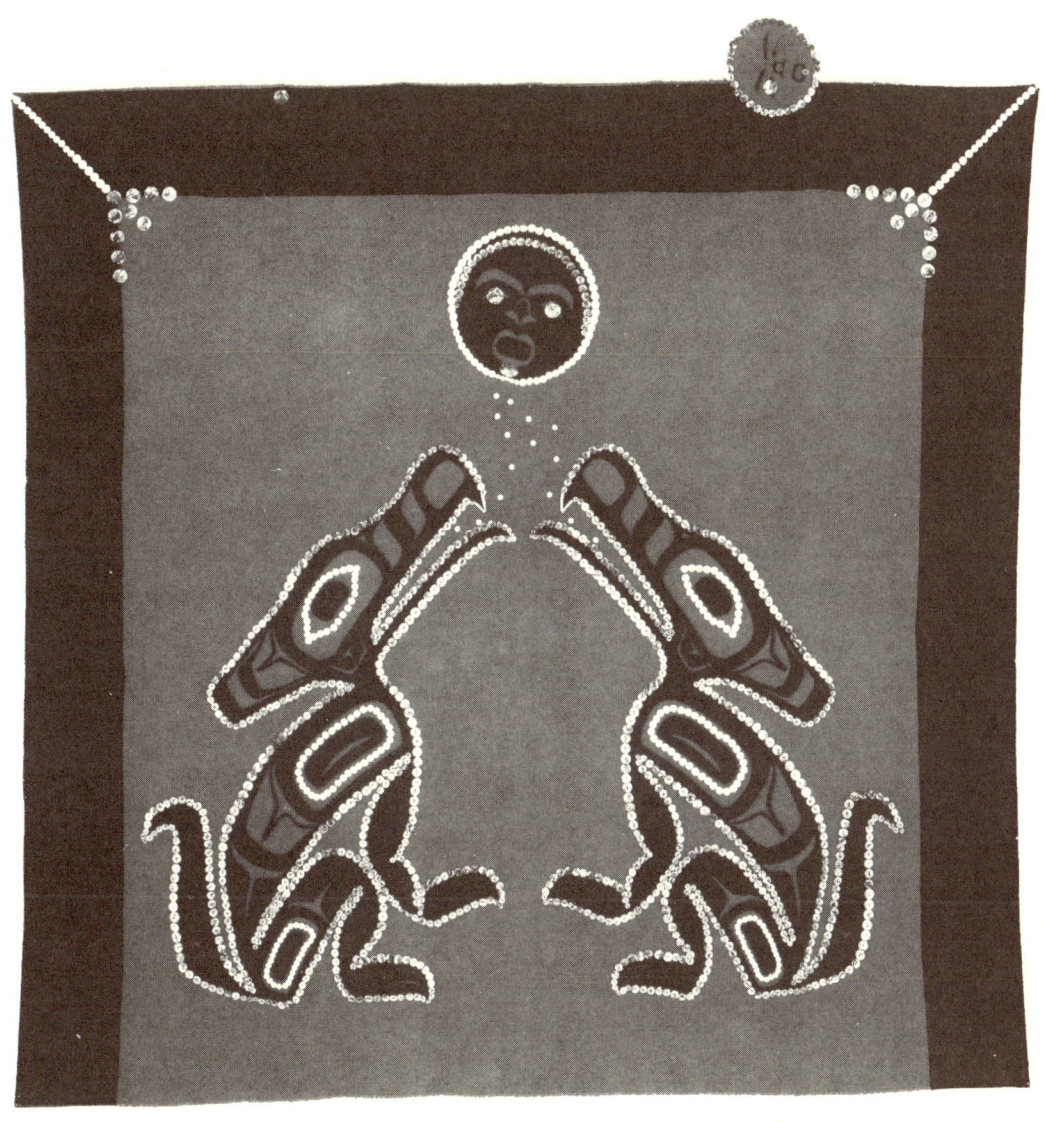

WISCH DEINE INDIANERHÄNDE an deinen Levi's Jeans ab, steig ein in deinen Toyota-Lieferwagen. Leg eine Kassette ein: Mozart, Led Zeppelin oder zeremonielle Sioux-Lieder; dann wirf den Kopf zurück und lache – du bist ein Überlebender eines kolonisierten Volkes!

George Longfish

ES IST SCHWIERIG UND TRAURIG, heute in den Vereinigten Staaten zu leben. Jedes Haus ist eine kleine Festung. Man umgibt sich zuerst mit einem Zaun und schließt dann eine Versicherung ab, um sich zu schützen. Vor wem? Vor dem Nachbarn. Was bedeutet das? Es bedeutet, daß er ein Feind ist oder zumindest jemand, den man im Auge behalten muß. Man könnte es das Umzäunungssystem der Vereinigten Staaten nennen. Der weiße Mann sagt: „Das gehört *mir*." Der Indianer sagt: „Das gehört *uns*." Diese zwei Denkweisen stehen einander gegenüber – das ist der Konflikt.

Oren Lyons

WISST IHR, WIE MAN SICH FÜHLT, wenn man für die Gesellschaft und die eigene Umgebung keinen Wert darstellst? Wenn du weißt, daß Menschen zu dir geschickt wurden, um dir zu helfen, aber nicht, um mit dir gemeinsam zu arbeiten, denn sie sind überzeugt davon, daß du nichts zu bieten hast?

Wißt ihr, was es bedeutet, wenn dein Volk verächtlich gemacht wird und du immer wieder hören mußt, daß du für dein Land nur eine Last bist?

Was es bedeutet, wenn du den Stolz auf deine Abstammung und deine Familie verlierst, wenn du ohne jedes Selbstvertrauen bist? Wie fühlst du dich dann? Ihr wißt es nicht, denn ihr habt diese Bitterkeit nie erlebt.

Aber ich will euch erzählen, was das bedeutet. Es bedeutet Gleichgültigkeit gegenüber der Zukunft, denn die Zukunft hat keinen Sinn mehr. Es bedeutet, auf einer Reservation zu leben, die wie ein Schrottplatz aussieht, denn die Schönheit in dir ist abgestorben, und warum sollte deine Seele sich dann noch um äußere Schönheit kümmern? Es bedeutet, sich zu betrinken, für ein paar kurze Augenblicke der häßlichen Wirklichkeit zu entfliehen und sich nicht mehr so unbedeutend zu fühlen. Vor allem aber bedeutet es, am nächsten Morgen aufzuwachen mit dem Gefühl von Schuld und Selbstbetrug. Denn der Alkohol füllt die Leere nicht aus, er vergrößert sie nur.

Dan George

Dan George wurde 1899 auf einer Reservation in North Vancouver (British Columbia) geboren. Er wurde als Philosoph, Musiker und Schauspieler bekannt. Wie so viele Indianer lebte Dan George den größten Teil seines Lebens in Armut. Als er schon über sechzig war, wurde Hollywood auf ihn aufmerksam: Sein faltiges Gesicht, sein langes weißes Haar prädestinierten ihn dazu, alte, würdige Indianer auf der Leinwand darzustellen. Dan George spielte in vielen Filmen. Für seine Rolle in „Little Big Man" wurde er für den Academy Award nominiert. Trotz seiner Erfolge blieb er sich selber und dem einfachen indianischen Lebensstil bis zu seinem Tod 1981 treu. – Der Redeauszug stammt aus dem Jahr 1970.

NEUER INDIANERZAUBER

Du kannst ein Schamane werden,
es ist ganz einfach, frag den Kerl da,
wie heißt er doch gleich,
du weißt schon, der aus Spokane.
Er verlangt 350 Dollar,
zahlbar im vorhinein, das ist klar.

Es gibt noch andere religiöse Führer,
die auch gern deine Schätze hätten,
im Tausch gegen eine kleine Dosis
indianischer Medizin.
Sie geben vor, dich zu heilen
oder einen Feind mit einem Zauber zu belegen.
Natürlich kostet auch das was;
wenn du es nicht in bar hast,
reicht auch dein Auto
oder ein Lieblingspferd,
vielleicht ein paar Werkzeuge und Geräte.
Ergebenheit allein
genügt eben nicht ganz.

Sie mischen ein bißchen Sioux,
ein wenig Nordwestküste,
ein Stückchen Südwesten
und, damit es ausgewogen ist,
eine Prise Hochebene,
dann wird noch etwas Plains drübergestreut.

Wie sie an die Pfeife von
Crazy Horse gelangt sind,
ist und bleibt ein Geheimnis.
Ab und zu sitzt Sitting Bull
mit ihnen in der Schwitzhütte.

Indianischer Zauber im Hollywood-Stil,
Visionen und Visitationen
bezahlt mit einem Wohlfahrtsscheck.
Schutzgeister, indianische Namen,
aus der Luft gegriffen
wie Pappelschnee im Juni.

Schamanismus bringt Gewinne,
einen Ausflug nach New York,
nach Europa, eine Rundreise um die Welt,
ein Buch auf dem Markt,
eine Einladung in eine Talkshow,
Ehrfurcht, Ruhm, Respekt,
dazu noch Geld von den Schwachen,
die sich an Strohhalme klammern,
Selbstfindung suchen um jeden Preis;

Regierungszuschüsse
für Überlebens-Camps,
Medizinleute,
indianische Gurus und Sektenführer.

Emma Lee Warrior

*Emma Lee Warrior, 1941 in
Alberta (Kanada) geboren,
gehört zu den Piegan, einem der
drei Stämme der Blackfoot. Sie
studierte Pädagogik und Eng-
lisch und entwickelte Lehrpläne
in der Blackfoot-Sprache. In
ihrem Gedicht wendet sie sich
gegen den Mißbrauch indianischer Spiritualität.
Crazy Horse (1877 im Alter von
etwa 33 Jahren getötet): einer
der größten Lakota-Krieger.
Sitting Bull (1834–1890):
berühmter Medizinmann und
Häuptling der Lakota.*

DER MAISPFLANZER

Vier Jahre lang pflanze ich Mais an:
die Raben stehlen ihn;
der Regen ertränkt ihn;
die Augustsonne verbrennt ihn;
Heuschrecken fressen die Blätter.

Ich stehe in einem Kreis
und werfe die Körner aus.
Die alten Männer lachen, denn sie wissen,
daß der Wind den Samen
zu meinem Nachbarn tragen wird.

Ich stehe in einem Kreis
auf den Samen, die ich gesetzt habe.
Maulwürfe wühlen sich durch die Erde
und bringen meine Ernte ein.

Ich werfe die Körner in den Wind,
und der Wind bläst sie in die Wüste.

Jetzt baue ich schon das achte Jahr Mais an;
Tag für Tag betreue ich meine Felder.
Nach der Ernte im September
bringe ich den Mais zum Markt.
Die Menschen meines Dorfes sind zu arm,
ihn zu kaufen.

Im Frühling des neunten Jahres
stelle ich Kopfschmuck aus Hühnerfedern her,
Plastiktrommeln und perlenverzierte Gürtel.
Ich werde reich,
kaufe mir einen alten Ford,
fahre nach Chicago
und betrinke mich
mit dem Wohlfahrtsgeld der Regierung.

Maurice Kenny

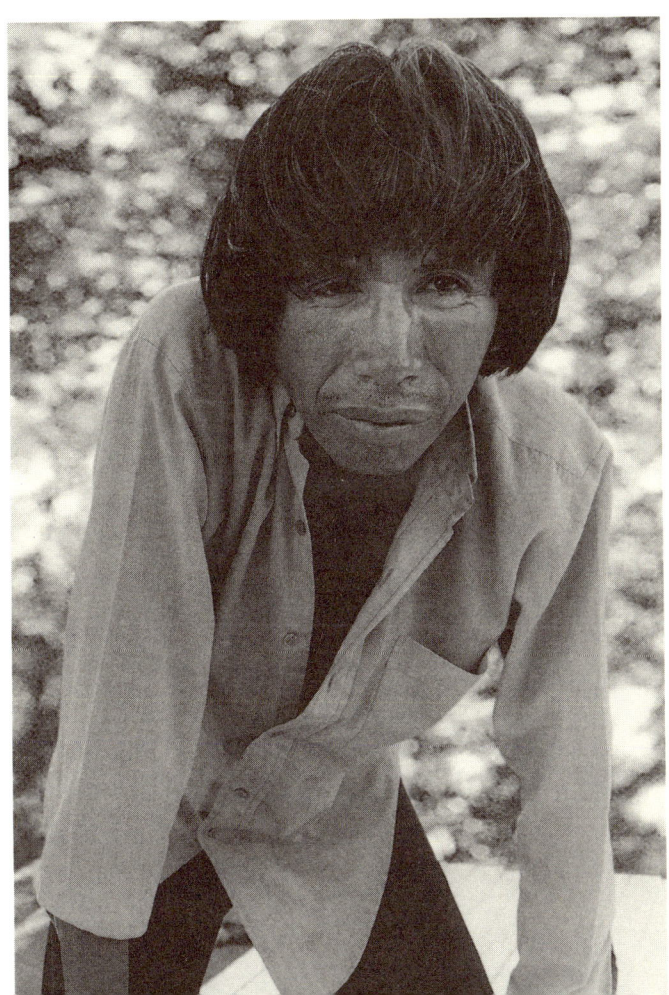

RELOCATION

„Relocation" ist ein Terminus, der in den fünfziger Jahren eine bestimmte Strategie der amerikanischen Regierung bezeichnete, das sogenannte „Indianerproblem" zu lösen. Das „Bureau of Indian Affairs" (BIA) förderte mit Millionenbeträgen die Abwanderung von Indianern in die großen Städte wie Chicago, Dallas, Los Angeles oder Cleveland. Ziel des Programms waren offiziell Ausbildung, Berufstraining und urbane Anpassung, de facto aber die Schwächung und Entvölkerung der ländlichen Reservationsgebiete und die Assimilierung der Ureinwohner.

Sprich mich nicht an.
Erschreck mich nicht,
denn die gleißende Stadt
hat mich blind gemacht.
Die Lichter,
die Autos,
die abgestumpften Blicke –
   sie zerreißen mein Herz,
   umklammern mein Ich.

Wer fragt nach meinem Schmerz,
nach der Wut, die meine Brust
verkrampft?

Ich schlucke schwer und oft,
ich koste meinen Speichel,
er schmeckt nicht gut.
Wer fragt nach meinem Geist, meiner Seele?

Ich kam hierher, weil ich erschöpft war;
das BIA lehrte mich, reinlich zu sein,
meine Zeit Tag für Tag genau einzuteilen.
Der Katechismus lehrte mich: Sei tüchtig;
die Nonnen trichterten mir den Gott der Weißen ein.
Und ich kam hierher, um satt zu werden –
Mais, Kartoffeln, Chili und Schaffleisch
seien nicht nahrhaft genug, sagte man mir.

So verließ ich die Reservation.
Wie einen Schlafwandler sehe ich mich nun
die Straßen hinuntergehen, zementgraue Straßen
voll grellem Glas und trüber Luft,
bewaffnet mit einer Weinflasche,
die ich mit jenem Geld kaufte,
das eigentlich für meine Kinder bestimmt ist.
Ich schäme mich.
Ich bin müde.
Ich bin hungrig.
Ich rede vor mich hin.
Ich habe Sehnsucht nach den Bergen.
Ich habe Heimweh nach mir selbst.

Simon J. Ortiz

Für den Alkoholismus vieler Indianer gibt es eine Reihe von Gründen. Indianische Kinder wurden aus ihrer vertrauten Umgebung fortgebracht und in staatliche Internate gesteckt, wo man sich über ihre Namen lustig machte, ihnen die gewohnte Kleidung wegnahm und sie bestrafte, wenn sie in ihrer Muttersprache redeten. Die religiösen Traditionen, die überlieferten Tänze und Bräuche wurden auf den Reservationen verboten. Die gesamte Kultur der Ureinwohner wurde als wertlos und barbarisch hingestellt. Dazu kam noch, daß es den eingeborenen Völkern – ihres Landes und damit ihrer Lebensgrundlagen beraubt – unmöglich geworden war, für sich selber zu sorgen. Viele Indianer verinnerlichten daraufhin das Gefühl, keinen Eigenwert zu besitzen. Identitätsverlust, Hoffnungslosigkeit und das Fehlen von Zukunftsperspektiven führten zur Flucht in den Alkohol oder gar zum Selbstmord. Heute versuchen viele indianische Schulen durch die Betonung der alten Lebenswerte den Schülerinnen und Schülern Selbstbewußtsein und Stolz auf ihre kulturellen Wurzeln zu vermitteln.

DER VERLUST VON LAND, vertrauten Menschen und Selbstachtung ist eine schwere Last für uns. Allzu oft dient sie zur Entschuldigung für geringes Selbstwertgefühl und Selbstvorwürfe; wir haben sogar Angst, der Wirklichkeit ins Auge zu sehen, laufen davon und verstecken uns.

Wenn diese Angst uns überwältigt und wir fliehen und uns verkriechen, sind wir am anfälligsten für Selbstzerstörung, besonders für den Alkoholismus, unter dem ich selbst gelitten und von dem ich mich erst kürzlich befreit habe. Ich glaube, daß ohne Selbstliebe und Selbstrespekt ein erfülltes Leben nicht möglich ist. Dies war auch immer die wahre und ursprüngliche Vision der Ureinwohner Amerikas: zu lieben, Achtung zu zeigen, verantwortlich zu sein für uns selbst und für andere – und mit Hingabe und Ehrfurcht die Wunder, den Reichtum und die Schönheit der Schöpfung zu erkennen.

Simon J. Ortiz

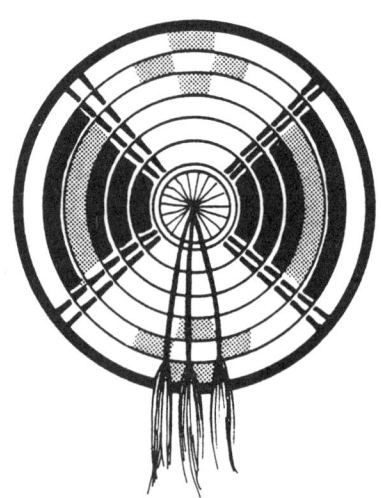

„WIR MENSCHEN VON HEUTE sind nicht mehr imstande, die Schönheit der Welt zum Ausdruck zu bringen, denn wir nehmen nicht mehr wahr, daß die Welt schön ist." – Immer mehr Menschen sind heutzutage besorgt um die Erhaltung unberührter Wildnis, von Landschaften und Schätzen der Natur. Dennoch glaube ich, daß dieser ästhetische Grundsatz noch immer gilt; der westliche Mensch nimmt die Welt einfach nicht in ihrer Schönheit wahr. Sein Blick richtet sich eher auf ihren Nutzwert. Und auf die Möglichkeit, sie wirtschaftlich auszubeuten. Ich glaube, das ist falsch. Wenn wir unsere Einstellung nicht ändern, werden wir die Erde zerstören, davon bin ich überzeugt. Wir werden ihre Schönheit zerstören, und das ist schändlich. Natürliche Landschaften zu erhalten ist wünschenswert, aus welchen Motiven es auch geschieht. Aber es wäre besser, wenn es auch um der Schönheit willen geschähe, und ich glaube nicht, daß dies immer der Fall ist, nicht einmal bei den Umweltschützern. Zumindest ist diese Denkweise nicht so weit verbreitet, wie ich es mir wünschen würde. Sogar Umweltschützer können zu sehr auf den Nutzwert ausgerichtet sein, wenn auch die Erde durch ihr Verhalten nicht bedroht ist. Aber der Nutzen ist nicht die erste und einzige Wahrheit.

N. Scott Momaday

Das Zitat am Beginn des Textes stammt aus einem Artikel, den Momaday im Jahr 1972 veröffentlichte und auf den er in einem späteren Interview Bezug nimmt.

EIN TRUGBILD

Elizabeth Goss vom Volk der Sioux kommt aus Norddakota. Ursprünglich bevölkerten viele Millionen von Büffeln die Prärien und Plains Nordamerikas. Von den weißen Eroberern wurden die Bisons systematisch ausgerottet, wegen ihrer Zungen, die als Delikatessen galten, wegen der Häute, zum Jagdvergnügen und nicht zuletzt, weil das Verschwinden des Bisons der sicherste Weg war, die Indianervölker in die Knie zu zwingen. Während es 1830 ungefähr 60 Millionen Büffel gegeben hatte, wurden 1889 in den Vereinigten Staaten nur noch 551 Tiere gezählt. Die Ernährungsgrundlage von etwa 50.000 Indianern war zusammengebrochen. Durch die aus Europa eingeschleppten Pocken und andere Krankheiten stark dezimiert, nun auch vom Hungertod bedroht, blieb den Völkern der Prärie und Plains nichts anderes übrig, als sich in ihr Schicksal (Reservationsleben, Zwangsdeportation) zu ergeben.

Natürlich wußte ich, daß es schon seit langem
Im Grasland Norddakotas keine Büffel mehr gab.
Ich wußte auch Bescheid darüber,
Auf welch traurige Art sie verschwunden waren –
Gejagt, abgehäutet, in der Sonne verwesend.
Aber letzte Woche sah ich in der abendlichen Prärie
Büffel – ich zählte sieben in der Ferne,
Sie hoben sich dunkel von einem Hügel ab.
Ich fuhr langsamer, ihr Anblick stimmte mich freudig.
In der zunehmenden Dämmerung standen sie ruhig da
Und grasten friedlich im Abendschatten.
(Als ich später bei Tageslicht nach den Tieren suchte,
Fand ich dort, wo sie gestanden waren,
Bloß eingefallene, alte Heuschober.)

Elizabeth Goss

Prärie: Bis vor kurzem war es im deutschen Sprachraum üblich, nicht nur das mit langem Gras bestandene Gebiet des Ostens so zu bezeichnen, sondern auch das weiter westlich gelegene Plains-Gebiet mit seinem kurzen Bisongras in diesen Begriff mit einzubeziehen. Hier lebten die Lakota und andere Plains-Völker als nomadisierende Büffeljäger.

WIR HABEN ANGST, ALLEIN ZU SEIN. Die Stille macht uns bewußt, wie isoliert wir sind. Deshalb füllen wir sie aus und schaffen uns so die Illusion, unter Freunden zu sein, inmitten einer Fülle von Aktivitäten. In dieser Betriebsamkeit können wir uns verlieren und dabei unserer Einsamkeit entkommen. Aber der große Wert der Stille, so scheint es mir, *ist* das Alleinsein: Wir erkennen, daß wir allein im Universum sind.

Es ist tröstlich zu wissen, daß wir nur ein winziger Bruchteil von etwas überwältigend Großem sind. Die meisten von uns leben in Städten und Gemeinden, und nur sehr wenige gehen hinaus in die Weite der Nacht, um die Sterne zu sehen. Jedoch: allein in der Nacht an einem entlegenen Ort wie Lukachukai, Arizona, zu sein und zu den Sternen aufzublicken ist eine Erfahrung, die uns demütig macht. Ich kann mir vorstellen, daß jemand auf ein solches Erlebnis mit Furcht und Abwehr reagiert. Ich denke aber, daß es gut ist, zu einer solchen Zeit an einem solchen Ort zu sein. Dort erkennen wir nämlich, daß wir uns zu wichtig nehmen. Unser eigenes Selbst wird nebensächlich, wir erreichen einen Zustand der Selbstlosigkeit.

Die Stille ist uns zum Ärgernis geworden. Wir haben verlernt, mit ihr zu leben, weil wir so wenig Gelegenheit dazu haben. Wir sind nicht mehr daran gewöhnt, still zu sein. Die Ruhe beunruhigt uns.

N. Scott Momaday

NACHTWIND

ich sitze
in der dunkelheit
auf meiner veranda
und höre
wie ein hund bellt
und eine trommel
ihr lied singt

es klingt
wie ein herzschlag
der auf dem wind
tanzt

vielleicht
ist es auch nur
eine erinnerung
die aufsteigt
in mir

Mike Ray Austin

▼▼▼▼▼▼▼▼▼▼

*Mike Ray Austin, geboren 1953
in Oklahoma, ist ein Cherokee,
der heute in Wien lebt. Er ist
UNO-Sprecher des internationa-
len Dachverbandes der Gesellschaft für bedrohte Völker und
Sprecher der Apache Survival
Coalition.*

Das Sioux-Wort „Tipi" bedeutet „in ihm zu leben" und bezeichnet das geräumige kegelförmige Zelt der Graslandbewohner. Es wurde aus Bisonhaut angefertigt und oft reich bemalt.
Die Blackfoot, Beverly Hungry Wolfs Volk, gehören zur Algonkin-Sprachfamilie. Sie waren eines der mächtigsten Plains-Völker und hatten eine hochstehende nomadische Reiterkultur entwickelt. Die westliche Grenze ihres Jagdgebietes, das eine Breite von 400 und eine Länge von 600 Kilometern hatte, bildeten die Rocky Mountains. Um 1830 hatten die Blackfoot den Höhepunkt ihrer Macht erreicht und verhinderten erfolgreich das Eindringen der Weißen. Mehrere Pockenepidemien und das Verschwinden des Büffels brachen jedoch ihren Widerstand. Heute leben sie in Reservationen in Montana und Kanada.

IN EINEM TIPI AUFZUWACHEN bringt eine besondere Art freudiger Erregung mit sich. Ich glaube, das ist einer der Gründe, warum in den letzten Jahren bei vielen Menschen das Tipi so beliebt geworden ist. Auch unter Indianern lebt diese alte Tradition bei Stammestreffen wieder auf. Tipis sind schöne und praktische Behausungen in einem Lager und stellen außerdem ein ästhetisches Bindeglied zur Welt unserer Vorfahren dar. Das wird besonders deutlich bei einer traditionellen religiösen Zusammenkunft, wie etwa beim Sonnentanz meines Volkes. Wir schlagen unser Lager immer noch nach Familien und Sippen geordnet auf, als Teil des großen Kreises unseres Stammes. Der Kreis schließt auch unsere Ältesten mit ein, die sich das ganze Jahr auf dieses stets wiederkehrende Ereignis freuen. Noch dazu scheint er Jahr für Jahr größer zu werden, denn immer mehr unserer jungen Leute entdecken die spirituelle Kraft, die damit verbunden ist.

Beverly Hungry Wolf

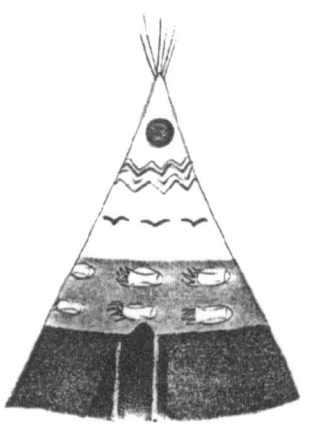

DIE SECHZIGER JAHRE und die Zeit danach waren für uns Indianer befreiend und belebend. Erst damals – es ist noch nicht lange her – begannen indianische Autoren in größerem Ausmaß zu schreiben und zu publizieren. Heute schreiben und veröffentlichen wir mehr und mehr; wir können nur vorwärtsschreiten. Unsere Herkunft ist geprägt von einer zeitlosen, ungebrochenen mündlichen Überlieferung, die unsere Werte bestimmt, unsere Ideen und Vorstellungen als Ureinwohner dieses Landes. Es ist erstaunlich, wie tief unser zeitgenössisches Schreiben von dieser Überlieferung durchdrungen ist, besonders wenn man die brutalen Versuche kultureller Unterdrückung bedenkt, die bis vor kurzem die deklarierte Politik der Vereinigten Staaten waren. Wir durften unsere Sprachen nicht sprechen, unsere Religionen nicht ausüben und auch nicht nach den Wertvorstellungen unserer Vorfahren leben. Man hat uns entmutigt, wenn wir für unsere Rechte als Indianer und Menschen kämpfen wollten. Und obwohl ein Teil dieser Unterdrückung bis heute andauert, beharren und bestehen wir darauf, als Indianer zu leben, zu glauben, zu hoffen, zu lieben, zu sprechen und zu schreiben.

Simon J. Ortiz

Früher war es meist ein weißer Freund gewesen, der aufschrieb, was ein Indianer erzählte. So verdanken wir dem Dichter John G. Neihardt das einflußreiche Buch „Black Elk Speaks" oder Richard Erdoes den Band „Lame Deer, Seeker of Visions". Zu den wenigen frühen indianischen Schriftstellern gehörten die Sioux Luther Standing Bear, Ohiyesa (Charles Eastman) und Gertrude Bonnet. Heute hingegen meldet sich eine Vielzahl indianischer Autorinnen und Autoren der verschiedensten Völker zu Wort. Die literarischen Formen sind ebenso vielfältig: Gedicht, Liedtext, Kurzgeschichte, Roman, Theaterstück, Zeitungsartikel, essayistische Analyse. Auch die Mythen der mündlichen Überlieferung werden gesammelt und herausgegeben. Im Zentrum steht dabei der Wunsch, nach jahrhundertelanger Bevormundung durch die US-Behörden die eigene Identität – auch literarisch – selbst zu definieren.

ICH GING NACH NORDEN

Im Winter ging ich nach Norden
   sie tanzten im Langhaus
   die Frauen tanzten
   die alten Männer
   die Kinder
Wir aßen Maisbrot

Im Winter ging ich nach Norden
   hörte den Wolf heulen
   hörte ein Kind weinen
   hörte die Trommel
Ich wußte: im Tanz wird unser Volk wieder erstarken

Ich ging nach Norden

Maurice Kenny

Der Mohawk Maurice Kenny wurde 1929 im Norden des Staates New York geboren. Seine schriftstellerische Tätigkeit hat sich in einer Reihe von Büchern und mehreren Literaturpreisen dokumentiert; daneben führt er den Kleinverlag Strawberry Press, der ausschließlich indianische Kunst und Lyrik veröffentlicht. Kenny lebt in Brooklyn, besucht aber immer wieder seine Heimat „im Norden". Auf einer zweiten Ebene stellt sein Gedicht auch eine spirituelle Rückkehr zu den alten Traditionen seines Volkes dar. Das hölzerne, mit Rinde verkleidete Langhaus, in dem mehrere Familien wohnten, war die typische Behausung der Irokesen und ist gleichzeitig ein Symbol für ihren Stammesbund.

QUELLENNACHWEIS

Bilder:

Titelbild: Stephen Marks / Image Bank – S. 12 (Nora Dauenhauer, Tlingit, Juneau, Alaska) Käthe Recheis – S. 23 (Chief Joseph, Nez Percé) Indianer. Photodokumente über das Leben der nordamerikanischen Indianer, 1847-1929, Albert Müller Verlag, Rüschlikon, Seite 182 – S. 25 („Celebration 1992", Juneau, Alaska) Käthe Recheis – S. 31 (Andrés Canyon, Cahuilla-Indianerin) Edward S. Curtis: Portraits from North American Indian Life, A&W Visual Library – S. 35 (Totempfahl in Gitwangak, British Columbia) Käthe Recheis – S. 37 (Weißschwanzhirsche) Kalender „Maine Wildlife", 1988, The Maine Scene, Maine / USA, Front Cover, Photo: Randy Ury – S. 41 (Spider Rock, Canyon de Chelly, Navajo-Reservation) Käthe Recheis – S. 53 (Kinder aus Tama, Iowa, Sac and Fox Indian Settlement) Andreas Horvath – S. 55 (Clayoquot-Mädchen) Edward S. Curtis: Portraits from North American Indian Life, A&W Visual Library – S. 57 (Hupa-Frau) Edward S. Curtis: Authentische Zeugnisse (Visions of a Vanishing Race), Strom Verlag, Luzern – S. 61 (Taos Pueblo, New Mexico) Andreas Horvath – S. 67 (Badlands, Pine Ridge Reservation, South Dakota) Edward S. Curtis: Authentische Zeugnisse (Visions of a Vanishing Race), Strom Verlag, Luzern – S. 69 (Schild der Plains-Indianer) Miloslav Stingl: Kunst der Indianer und Eskimos Nordamerikas, E. A. Seemann Buch- und Kunstverlag, Leipzig 1990, Seite 130, Abb. 55 – S. 81 (Rosebud Reservation, South Dakota) Andreas Horvath – S. 87 (Bison im Abendlicht) Heinrich Gohl: Indianer. Begegnungen mit den Ureinwohnern Nordamerikas, Walter-Verlag, Olten – S. 89 („Celebration 1992", Juneau, Alaska, Haida-Tänzer) Käthe Recheis – S. 92 (Crow-Mädchen mit „fried bread", Cody, Wyoming) Reinhard Mandl.
Die vier Kapitelbilder S. 7 (George Hunt Jr., „Kwakwaka'wakw-Mythos"), S. 27 (Francis Dick, „Am See Kank'alanukw"), S. 45 (Susan Point, „Symbol für Wechsel der Jahreszeiten und Wachsen und Werden in einem selbst"), S. 75 (Dale Campbell, Festdecke „Zwei Wölfe heulen den Mond an"): Kalender „The Gathering. Contemporary Northwest Coast Native Art", 1966, Garfinkel Publications Inc., Vancouver/Canada.

Texte:

Die Aufstellung der englischsprachigen Quellen folgt der Reihenfolge der Texte im Buch. Wir danken den Verlagen bzw. den Inhabern der Rechte für die freundliche Abdruckgenehmigung.
S. 5 (Zitat Momaday) Joseph Bruchac, Hrsg.: Survival This Way. Interviews with American Indian Poets, The University of Arizona Press, Tucson, 1987, Seite 190 – S. 8 (Tecumseh) Frances G. Lombardi und Gerald Scott Lombardi, Hrsg.: Circle without End. A Sourcebook of American Indian Ethics, Naturegraph Publishers, Happy Camp, California, 1982, Seite 18 – S. 8 (Sioux) Joseph Epes Brown: The Sacred Pipe. Black Elk's Account of the Seven Rites of the Oglala Sioux, University of Oklahoma Press, Norman 1953, Seite 100 (Copyright 1953) – S. 9 Basil Johnston: Ojibway Heritage. The Ceremonies, Rituals, Songs, Dances, Prayers and Legends of the Ojibway, McClelland and Stewart, Toronto 1976, Seite 7 – S. 10 Thomas E. Mails: Fools Crow, University of Nebraska Press, Lincoln 1990, Seite 54 und 57 f. (Copyright 1990 by University of Nebraska Press) – S. 11 Robert K. Dodge und Joseph McCullough, Hrsg.: New and Old Voices of Wah'Kon-Tah, International Publishers, New York 1985, Seite 89 (dieser Text: Copyright 1985 by Simon J. Ortiz) – S. 12 Joseph Epes Brown: The Sacred Pipe, Seite 69 – S. 13 Adelphena Logan: Memories of Sweet Grass, American Indian Archaeological Institute / Shiver Mountain Press, Washington Depot, Connecticut, 1979, Seite 17 (Copyright American Indian Archaeological Institute) – S. 14 Michael Oren Fitzgerald: Yellowtail, Crow Medicine Man and Sun Dance Chief. An Autobiography, University of Oklahoma Press, Norman 1991, Seite 114 (Copyright 1991 by Michael Oren Fitzgerald; Veröffentlichung mit der Genehmigung Nr. 53700 der Paul & Peter Fritz AG in Zürich) – S. 15 (Bruchac) Joseph Bruchac: Dawn Land. A Novel, Fulcrum Publishing, Golden, Colorado, 1993, Seite

131 und 135 (Copyright 1993 by Joseph Bruchac) – S. 15 (Ojibway) Basil Johnston: Ojibway Heritage, Seite 119 – S. 16 (Yellowtail) Michael Oren Fitzgerald: Yellowtail, Seite 115 – S. 16 (Hehaka Sapa) Joseph Epes Brown: The Sacred Pipe, Seite Seite 58 f. – S. 18 (Mankiller) Marilou Awiakta: Selu. Seeking the Corn Mother's Wisdom, Fulcrum Publishing, Golden, Colorado, 1993, Seite 115 (Copyright by Marilou Awiakta) – S. 18 (Goodbird) Edward Goodbird: Goodbird, the Indian. His Story, as told to Gilbert L. Wilson, Borealis Books Reprint Edition, Minnesota Historical Society Press, St. Paul 1995, Seite 27 – S. 19 Margot Astrov, Hrsg.: American Indian Prose and Poetry, Capricorn Books, New York 1962, Seite 206 – S. 20 Washington Matthews: The Night Chant. A Navajo Ceremony, AMS Press, New York 1978 (Reprint der Originalausgabe von 1902), Seite 73 – S. 22 (Buffalo Jim) Steve Wall und Harvey Arden: Wisdomkeepers. Meetings with Native American Spiritual Elders, Beyond Words Publishing, Hillsboro, Oregon, 1990, Seite 78 (Copyright 1990 by Steve Wall and Harvey Arden) – S. 22 (Logan) Adelphena Logan: Memories of Sweet Grass, Seite 49 – S. 24 (Yellowtail) Michael Oren Fitzgerald: Yellowtail, Seite 198 – S. 24 (Tecumseh) Frances G. Lombardi und Gerald Scott Lombardi, Hrsg: Circle without End, Seite 27 – S. 26 Simon J. Ortiz: Woven Stone, The University of Arizona Press, Tucson 1992, Seite 65 (Copyright 1992 by Simon J. Ortiz) – S. 28 Patrick D. Hundley, Hrsg.: The Magic of Names. Three Native American Poets. Interviews, The Blue Cloud Quarterly Press, Marvin, South Dakota, o. J., unpaginiert (dieser Text: Copyright by Norman H. Russell) – S. 29 (Bruchac) Joseph Bruchac: Dawn Land, Seite xii (Einführung) – S. 29 (Chief Joseph) Mick Gidley: Kopet. A Documentary Narrative of Chief Joseph's Last Years, University of Washington Press, Seattle, 1981, Seite 27 – S. 30 (Beshád-e) Ruth McDonald Boyer und Narcissus Duffy Gayton: Apache Mothers and Daughters. Four Generations of a Family, University of Oklahoma Press, Norman 1992, Seite 238 (Copyright 1992 by Ruth McDonald Boyer; Veröffentlichung mit der Genehmigung Nr. 53703 der Paul & Peter Fritz AG in Zürich) – S. 30 (Oren Lyons) Steve Wall und Harvey Arden: Wisdomkeepers, Seite 66 – S. 30 (Teton-Sioux) Michael J. Caduto und Joseph Bruchac: Keepers of the Animals. Native American Stories and Wildlife Activities for Children, Fulcrum Publishing, Golden, Colorado, 1991, Seite 9 – S. 32 (Navajo) Gary Witherspoon: Language and Art in the Navajo Universe, The University of Michigan Press, Ann Arbor 1977, Seite 193 – S. 32 (Zuni) George W. Cronyn, Hrsg.: American Indian Poetry. The Standard Anthology of Songs and Chants, Liveright, New York 1934, Seite 146 – S. 33 George W. Cronyn, Hrsg.: American Indian Poetry, Seite 147 – S. 34 Chief Dan George und Helmut Hirnschall: My Spirit Soars, Hancock House Publishers, Surrey, British Columbia, 1982, Seite 14 (Copyright 1982 by Chief Dan George and Helmut Hirnschall) – S. 36 Michael Oren Fitzgerald: Yellowtail, Seite 37 und 38 – S. 37 Gerald Vizenor, Hrsg.: Summer in the Spring. Ojibwe Lyric Poems and Tribal Stories, The Nodin Press, Minneapolis 1981, Seite 51 (Copyright 1981 by Gerald Vizenor) S. 38 Joseph Bruchac: Remembering the Dawn. Poems, The Blue Cloud Quarterly Press, Marvin, South Dakota, 1983, unpaginiert (Copyright 1983 by Joseph Bruchac) – S. 39 Steve Wall und Harvey Arden: Wisdomkeepers, Seite 47 – S. 40 Kenneth Rosen, Hrsg.: Voices of the Rainbow. Contemporary Poetry by American Indians, Seaver Books, New York 1980, Seite 28 (Copyright 1975 by Kenneth Rosen) – S. 42 (Momaday) N. Scott Momaday: The Names. A Memoir, The University of Arizona Press, Tucson, o. J., Seite 3 f. (Copyright 1976 by N. Scott Momaday) – S. 42 (Russell) Patrick D. Hundley, Hrsg.: The Magic of Names, unpaginiert – S. 44 (Dauenhauer) Nora Marks Dauenhauer: The Droning Shaman. Poems, The Black Current Press, Haines, Alaska, 1988, Seite 44 (Copyright 1988 by Nora Marks Dauenhauer) – S. 44 (Shenandoah) Steve Wall und Harvey Arden: Wisdomkeepers, Seite 26 – S. 46 Michael Oren Fitzgerald: Yellowtail, Seite 105 – S. 47 Marilou Awiakta: Selu, Seite 289 – S. 48 (Camp) Robert Anderson u. a., Hrsg.: Voices from Wounded Knee 1973, Akwesasne Notes, Mohawk Nation, Akwesasne, N. Y., 4., verbesserte Auflage 1976, Seite 11 (Copyright 1974 by Akwesasne Notes) – S. 48 (Shenandoah) Steve Wall und Harvey Arden: Wisdomkeepers, Seite 104 – S. 49 Joseph Bruchac, Hrsg.: Survival This Way, Seite 131 und 132 – S. 50 Beverly Hungry Wolf: The Ways of My Grandmothers, Quill, New York 1982, Seite 109 f. (Copyright 1980 by Beverly Hungry Wolf) – S. 51 Jose Barreiro,

Hrsg.: Indian Roots of American Democracy. Special Constitution Bicentennial Edition, Northeast Indian Quarterly, Cornell University, Ithaca, N. Y., 1988, Seite 4, 5 und 6 (Copyright 1988 by Cornell University) – S. 52 (Momaday) Charles L. Woodard: Ancestral Voice. Conversations with N. Scott Momaday, University of Nebraska Press, Lincoln 1991, Seite 44 und 83 (Copyright 1991 by University of Nebraska Press) – S. 52 (Winnebago) Paul Radin: „The Winnebago Tribe", Bureau of American Ethnology Bulletin 37, 1923 – S. 52 (Dan George) Chief Dan George und Helmut Hirnschall: My Spirit Soars, Seite 30 – S. 53 Indigenous Voices. A Special Edition Honoring Indigenous Survival, Turtle Quarterly, Niagara Falls, N. Y., Herbst / Winter 1994, Seite 69 – S. 54 Joseph Bruchac, Hrsg.: New Voices from the Longhouse. An Anthology of Contemporary Iroquois Writing, The Greenfield Review Press, Greenfield Center, N. Y., 1989, Seite 81 und 82 (Copyright 1989 by The Greenfield Review Press) – S. 55 Mary Roberts Coolidge: The Rain-Makers. Indians of Arizona and New Mexico, AMS Press, New York 1982 (Reprint der Originalausgabe von 1929), Seite 163 f. – S. 56 Luther Standing Bear: My Indian Boyhood, University of Nebraska Press, Lincoln 1988, Seite 9 (Copyright 1988 by University of Nebraska Press) – S. 57 Rayna Green, Hrsg.: That's What She Said. Contemporary Poetry and Fiction by Native American Women, Indiana University Press, Bloomington 1984, Seite 261 (Copyright 1984 by Indiana University Press) – S. 58 unveröffentlichtes Manuskript des Autors (Copyright by Norman H. Russell) – S. 59 (Mankiller) Marilou Awiakta: Selu, Seite 114 – S. 59 (Momaday) Charles L. Woodard: Ancestral Voice, Seite 42 – S. 60 Carles L. Woodard: Ancestral Voice, Seite 63 – S. 62 Joseph Bruchac, Hrsg.: New Voices from the Longhouse, Seite 240 f. – S. 63 Joseph Bruchac, Hrsg.: Native Wisdom, Harper San Francisco, 1995, Seite 55 – S. 64 Basil Johnston: Ojibway Ceremonies, McClelland and Stewart, Toronto 1982, Seite 59 – S. 65 (Gray Hawk) Frances Densmore: „Teton Sioux Music", Bureau of American Ethnology Bulletin 61, 1918 – S. 65 (Teton-Lakota) Margot Astrov, Hrsg.: American Indian Prose and Poetry, Seite 124 – S. 66 Thomas B. Marquis: Wooden Leg. A Warrior Who Fought Custer, University of Nebraska Press, Lincoln, o. J., Seite 118 (Copyright by University of Nebraska Press) – S. 68 N. Scott Momaday: In the Presence of the Sun. Stories and Poems, St. Martin's Press, New York 1992, Seite 73 f. (Copyright 1992 by N. Scott Momaday) – S. 70 Akwekon Journal # 1, Mohawk Nation, Hogansburg, N. Y., Februar 1985, Seite 2 (Copyright 1985 by Mohawk Nation) – S. 71 Indigenous Voices, Seite 82 – S. 72 (Standing Bear) Luther Standing Bear: My Indian Boyhood, Seite 174 f. – S. 72 (Locke) Michael Caduto und Joseph Bruchac: Keepers of the Animals, Seite 140 – S. 73 N. Scott Momaday: The Names, Seite 122 f. – S. 74 (Ojibway) Basil Johnston: Ojibway Heritage, Seite 93 – S. 74 (Laverdure) Joseph Bruchac, Hrsg.: Native Wisdom, Seite 82 – S. 76 (Longfish) zitiert im Vorwort zu Michael Kabotie (Lomawywesa): Migration Tears. Poems about Transitions, American Indian Studies Center, University of California, Los Angeles 1987, Seite viii – S. 76 (Lyons) Robert Anderson u. a., Hrsg.: Voices from Wounded Knee 1973, Seite 97 – S. 77 Hap Gilliland: Chant of the Red Man. A Fable for Americans, Montana Council for Indian Education, Billings 1976, Seite 46 f. (Copyright 1976 / 1981 by Montana Council for Indian Education) – S. 78 Duane Niatum, Hrsg.: Harper's Anthology of 20th Century Native American Poetry, Harper & Row, New York 1988, Seite 156 ff. – S. 80 Joseph Bruchac, Hrsg.: Songs from This Earth on Turtle's Back. Contemporary American Indian Poetry, The Greenfield Review Press, Greenfield Center, N. Y., 1983, Seite 132 – S. 82 Simon J. Ortiz: Woven Stone, Seite 76 f. – S. 84 Simon J. Ortiz: Woven Stone, Seite 32 – S. 85 Charles L. Woodard: Ancestral Voice, Seite 69 und 71 – S. 86 Hap Gilliland: Chant of the Red Man, Seite 63 – S. 88 Charles L. Woodard: Ancestral Voice, Seite 107 und 109 – S. 89 unveröffentlichtes Manuskript des Autors (Copyright by Mike Ray Austin) – S. 90 Beverly Hungry Wolf: The Ways of My Grandmothers, Seite 107 – S. 91 Brian Swann und Arnold Krupat, Hrsg.: I Tell You Now. Autobiographical Essays by Native American Writers, University of Nebraska Press, Lincoln 1987, Seite 194 (Copyright 1987 by University of Nebraska Press) – S. 93 Maurice Kenny: Dancing Back Strong the Nation. Poems, Copyright by White Pine Press, N. Y., 1979 / 1981, Text „I Went North" (Abdruck mit Genehmigung von White Pine Press, 10 Village Square, Fredonia, N. Y. 14063, USA).